KONTAKT MIT DER ZEIT

TEXTE MIT DEUTSCHEN WÖRTERN

HERAUSGEGEBEN
VON DIETER STÖPFGESHOFF

sprachen der welt
hueber

Fotos: Dieter Stöpfgeshoff mit Ausnahme
Autorenportrait Friederike Mayröcker: Renate Mangolett
Autorenportrait Michael Krüger: Jürgen Schönwiese
Umschlagentwurf: Alois Sigl, Freising

1. Auflage
3. 2. 1.
1985 84 83 82 81 | Die letzten Ziffern
               | bezeichnen Zahl und Jahr des Druckes.
Alle Drucke dieser Auflage können nebeneinander benutzt
werden.
© 1981 Max Hueber Verlag München
© 1976 Sveriges Radios förlag Stockholm
Druck: Rieder, Schrobenhausen · Printed in Germany
ISBN 3–19–00.1320–9

Inhalt

Vorwort

Die vorliegende Anthologie ist eine Lizenzausgabe eines beim schwedischen Rundfunkverlag herausgegebenen Buches mit gleichem Titel.

Alle Texte sind speziell für dieses Buch geschrieben und zwar unter ganz ungewöhnlichen Bedingungen: ich stellte jedem einzelnen Autor ein Thema, gab ihm ein Wörterverzeichnis von ca. 3000 Wörtern und bat ihn, im Text ein von mir gestelltes grammatisches Problem zu berücksichtigen. Resultat sind literarische Texte, die dem Leser und besonders Deutschlernenden leicht zugänglich sind.

Fragen wir zwei der beteiligten Autoren, was sie zu dem Buch sagen.

Franz Hohler: „Einen leisen Zug zur Einfachheit glaube ich im ganzen Buch zu spüren. Es tut einem Autor gut, wenn jemand kommt und sagt, schreiben Sie bitte etwas Einfaches, es ist für Leser, die daran sind, Deutsch zu lernen. Man wird sich dann mit einemmal klar, daß vielleicht auch die Leser im eigenen Land erst daran sind, Deutsch zu lernen."

Josef Reding: „Als wertvolles Nebenergebnis ist durch die persönliche Bemühung des Herausgebers eine deutschsprachige Anthologie der Gegenwartsliteratur der DDR, der Bundesrepublik Deutschland, der Schweiz und Österreichs entstanden. Solche vereinigenden Sammelwerke haben nicht nur einen literarischen, sondern auch einen politischen Wert."

Stockholm, im September 1980

Der Herausgeber

Franz Hohler, Schweiz, geb. 1943

Über Franz Hohler

Der Schweizer Franz Hohler ist als Kabarettist nicht nur in der Schweiz bekannt, sondern auch in vielen anderen europäischen Ländern, in Tunesien, Marokko, Israel und in den USA.

Er schreibt zu seinen Texten eigene Musik und in seinem „Einmann-Kabarett" begleitet er seine Lieder selbst, am liebsten auf dem Cello. Er spielt aber auch viele andere Musikinstrumente.

Franz Hohler schreibt außer seinen Kabarettexten Erzählungen, Theaterstücke, Hör- und Fernsehspiele.

Man lernt Franz Hohler besonders gut kennen durch seine „Wegwerfgeschichten" (1974). 40 Geschichten sind auf einzelne Blätter gedruckt. Man *kann* sie nach dem Lesen wegwerfen. Das wird aber kein Leser tun wollen, denn die Geschichten sind zu gut zum Wegwerfen. Am Ende sagt Franz Hohler: „Solche Geschichten kann jeder schreiben." Er fügt 6 leere Blätter hinzu. Der Leser soll selbst Autor werden.

Einige Titel

Das verlorene Gähnen, 1967 (Erzählungen)
Idyllen, 1970 (Prosa)
Der Rand von Ostermundingen, 1973 (Erzählungen)
Lassen Sie meine Wörter in Ruhe!, 1975 (Theaterstück)
Wo?, 1975 (Erzählungen)
Tschipo, 1978 (Kinderroman)
Der Wunsch, in einem Hühnerhof zu leben.
    Heitere und besinnliche Erzählungen, 1977

Der Verkäufer und der Elch

Eine Geschichte mit 128 deutschen Wörtern

Kennen Sie das Sprichwort „Dem Elch eine Gasmaske verkaufen"? Das sagt man bei uns von jemandem, der sehr tüchtig ist, und ich möchte jetzt erzählen, wie es zu diesem Sprichwort gekommen ist.

Es gab einmal einen Verkäufer, der war dafür berühmt, daß er allen alles verkaufen konnte.

Er hatte schon einem Zahnarzt eine Zahnbürste verkauft, einem Bäcker ein Brot und einem Blinden einen Fernsehapparat.

„Ein wirklich guter Verkäufer bist du aber erst", sagten seine Freunde zu ihm, „wenn du einem Elch eine Gasmaske verkaufst."

Da ging der Verkäufer so weit nach Norden, bis er in einen Wald kam, in dem nur Elche wohnten.

„Guten Tag", sagte er zum ersten Elch, den er traf, „Sie brauchen bestimmt eine Gasmaske."

„Wozu?" fragte der Elch. „Die Luft ist gut hier."

„Alle haben heutzutage eine Gasmaske", sagte der Verkäufer.

„Es tut mir leid", sagte der Elch, „aber ich brauche keine."

„Warten Sie nur", sagte der Verkäufer, „Sie brauchen schon noch eine."

Und wenig später begann er mitten in dem Wald, in dem nur Elche wohnten, eine Fabrik zu bauen.

„Bist du wahnsinnig?" fragten seine Freunde.

„Nein", sagte er, „ich will nur dem Elch eine Gasmaske verkaufen."

Als die Fabrik fertig war, stiegen soviel giftige Abgase aus dem Schornstein, daß der Elch bald zum Verkäufer kam und zu ihm sagte: „Jetzt brauche ich eine Gasmaske."

„Das habe ich gedacht", sagte der Verkäufer und verkaufte ihm sofort eine. „Qualitätsware!" sagte er lustig.

„Die anderen Elche", sagte der Elch, „brauchen jetzt auch Gasmasken. Hast du noch mehr?" (Elche kennen die Höflichkeitsform mit „Sie" nicht)

„Da habt ihr Glück", sagte der Verkäufer, „ich habe noch Tausende."

„Übrigens", sagte der Elch, „was machst du in deiner Fabrik?"

„Gasmasken", sagte der Verkäufer.

P.S. Ich weiß doch nicht genau, ob es ein schweizerisches oder ein schwedisches Sprichwort ist, aber die beiden Länder werden ja oft verwechselt.

Hans Magnus Enzensberger,
Bundesrepublik Deutschland, geb. 1929

Denkt man an geschichts- und gesellschaftskritische Lyrik aus der Bundesrepublik Deutschland, so denkt man besonders an Hans Magnus Enzensberger.

Jeder Satz von ihm ist eine politische Überlegung.

Seine politischen Überlegungen drückt er nicht nur in Gedichten aus. Er schreibt Essays, dokumentarische Theaterstücke, wissenschaftliche Aufsätze. Er diskutiert in Rundfunk und Fernsehen. Er war 10 Jahre lang Herausgeber der Kulturzeitschrift „Kursbuch". Er hat in zwei Bänden wichtige Dokumente über Karl Marx und Friedrich Engels zusammengestellt. Enzensberger ist Mitherausgeber eines Lesebuchs in drei Bänden über die Klassenkämpfe in Deutschland.

Folgende Strophe aus dem Gedicht „zweifel" gibt einen Einblick in Enzensbergers Überlegungen:

> ich höre aufmerksam meinen feinden zu.
> wer sind meine feinde?
> die schwarzen nennen mich weiß,
> die weißen nennen mich schwarz.
> das höre ich gern. es könnte bedeuten:
> ich bin auf dem richtigen weg.
> (gibt es einen richtigen weg?)

Einige Titel:

Gedichte 1955–1970 (ein Taschenbuch, in dem alle Gedichte aus diesen Jahren zusammengestellt sind)

Klassenbuch 1–3, Ein Lesebuch zu den Klassenkämpfen in Deutschland, 1972 (herausgegeben von Hans Magnus Enzensberger, Rainer Nitsche, Klaus Roehler und Winfried Schafhausen.)

Gespräche mit Marx und Engels, Band 1+2, 1973

Mausoleum, 1975 (Gedichte)

Der Untergang der Titanic. Eine Komödie, 1978 (Episches Gedicht)

Politik und Verbrechen, 1964 (Aufsätze)

• Damals

Die fünfziger Jahre waren in Deutschland ja ein bißchen langweilig. Nein, sehr langweilig. Zum Schreien langweilig. Ich wollte aber nicht den ganzen Tag lang schreien. Also packte ich damals meine Sachen zusammen und zog nach Norwegen.

Dort war es ruhig, aber nicht langweilig. Die Norweger waren so ruhig wie die Fische. Als ich ankam, sagten sie fast gar nichts. Dafür sind sie in der ganzen Welt berühmt. Erst nach ein paar Wochen murmelten sie manchmal, wenn sie mich sahen, „Morn". Das heißt soviel wie „Guten Morgen", aber die Norweger sagen auch mittags, abends und nachts „Morn". Wenn sie es besonders herzlich meinen, sagen sie sogar „Morn da".

Als die ersten zwei Monate vergangen waren, saß ich eines Abends in dem einzigen Café des Dorfes. Es war ein wenig schmutzig, aber ganz gemütlich. Leider war kein Tisch mehr frei. Also setzte ich mich zu dem Postboten. Der Postbote war mein bester Bekannter, weil er mir so viele Briefe bringen mußte.

Wir unterhielten uns, ruhig wie die Fische, und tranken Bier, denn in einem norwegischen Café gibt es keinen Schnaps.

„Wann bist du eigentlich geboren?" fragte der Postbote plötzlich. (In unserem Dorf duzen sich alle Leute.)

Komische Frage!

Die Norweger sind, glaube ich, sehr neugierig. Aber fast immer verstecken sie ihre Neugier. Es ist nämlich unanständig, neugierig zu sein, und unanständige Norweger gibt es nicht.

Das ganze Dorf schien gespannt auf meine Antwort zu warten.

„Ich bin 1929 geboren", sagte ich.

„Ach so", sagte der Postbote.

Das ganze Dorf schien sich zu freuen, daß ich 1929 geboren war. Dann tranken wir noch ein paar Gläser.

Um halb zehn wurde das Café geschlossen. Ja, es war eben ein sehr anständiges Dorf.

„Morn da!" sagten wir, als die Bedienung die Stühle auf die Tische stellte.

Wieder ein paar Monate später, als die Touristen wie Steine am Strand lagen, ohne sich zu bewegen, saß ich wieder einmal in unserem anständigen, schmutzigen, gemütlichen Café.

Jetzt sprach der Postbote schon fließend norwegisch mit mir.

Die Tür ging auf und herein kamen zwei Herren mit verhältnismäßig roten Gesichtern.

„Gestatten Sie", sagten die beiden Herren in fließendem Deutsch, denn wie immer war in unserm Café kein Tisch mehr frei.

Wir nickten nur.

„Ja", sagte der eine Herr, „Norwegen ist herrlich. Kennen Sie vielleicht Norwegen von früher?"

„Nein", sagte der andere Herr, „leider nicht".

„Es war die schönste Zeit meines Lebens", sagte der erste. „Damals, 1941!"

„Ja, damals!" sagte der andere.

„Waren Sie auch Offizier?" fragte der erste.

„Ja, aber leider nur in Belgien."

Das kann doch nicht wahr sein, dachte ich.

„Seitdem liebe ich Norwegen", sagte der erste Herr. „Die Natur, wissen Sie, und die Menschen! So anständig, und immer so schweigsam!"

Das ganze Dorf hörte zu und schwieg.

Niemand fragte die beiden Herren, wann sie geboren waren.

„Gibt es denn hier kein Bier?" rief der zweite Herr.

Wir schwiegen wie die Fische.

„Sie kennen Norwegen nicht", sagte der erste Herr. „Bier heißt nämlich hier Öl. Jawohl, Öl! Da staunen Sie, was? Öl! Öl!" rief er. Niemand hörte ihm zu. Erst stand der Postbote auf, dann ich, und wir gingen, ohne „Morn da" zu sagen. Die Bedienung kam und stellte unsere Stühle vor den beiden Herren auf den Tisch, und obwohl es erst fünf Uhr nachmittags war, wirkte das Café auf einmal unendlich leer.

Angelika Mechtel,
Bundesrepublik Deutschland, geb. 1943

Über Angelika Mechtel

Für Angelika Mechtel spielt die Welt der Arbeit eine wichtige Rolle beim Schreiben ihrer Erzählungen, Romane, Gedichte, Essays, Hörspiele und Reportagen.

Sie richtet ihr Interesse aber auch auf die Lebensbedingungen sozialer Randgruppen, wie z. B. auf die Frauen von Strafgefangenen, auf alte Schriftsteller.

Angelika Mechtel schreibt auch gerne für Kinder.

Einige Titel

Keep smiling, 1968 (Eine Reportage über die Situation einer Arbeiterin in einem Betrieb der Elektroindustrie)
Die feinen Totengräber, 1968 (Erzählungen)
Kaputte Spiele, 1970 (Roman)
Ein Plädoyer für uns, 1975 (Eine Reportage über die Situation der Frauen und Mütter von Strafgefangenen)
Hallo Vivi!, 1975 (Angelika Mechtels erstes Buch für Kinder)
Die Träume der Füchsin, 1976 (Erzählungen)
Wir sind arm, wir sind reich, 1977 (Roman)
Wir in den Wohnsilos, 1978 (Gedichte)

Eine Verabredung mit Ingrid S.

Wir haben uns in einem Café verabredet.

Ingrid S. sitzt mir gegenüber am Tisch. Sie ist noch jung, vielleicht fünfundzwanzig, und sie ist unglücklich.

„Ich habe bisher mit niemandem über meine Schwierigkeiten gesprochen", sagt sie.

Im Oktober vorigen Jahres hat ihr Mann eine Bank in der Altstadt überfallen. Noch am gleichen Tag ist er von der Polizei verhaftet und bis Mai 1975 in Untersuchungshaft gehalten worden. „Er hat keine andere Möglichkeit gesehen", berichtet Ingrid S. Sie hat Angst.

„Sie brauchen keine Angst zu haben", sage ich, „alle Gespräche, die ich bisher mit Ehefrauen von Strafgefangenen geführt habe, bleiben anonym. Viele dieser Frauen haben die gleichen Probleme wie Sie."

„Es ist schlimm", meint sie, „wenn man mit keinem darüber reden kann. Manchmal sitze ich zu Hause und weiß mir nicht zu helfen. Ich bin oft sehr allein."

Dann erzählt sie von ihrem Mann.

Ende Mai diesen Jahres ist er zu fünf Jahren Gefängnis verurteilt worden. Er wird zwar voraussichtlich nach drei Jahren entlassen werden, aber auch drei Jahre sind eine lange Zeit.

Als er noch im Untersuchungsgefängnis war, durfte ihn Ingrid S. alle vierzehn Tage für fünfzehn Minuten besuchen.

„Ich weiß nicht, ob Sie die Situation dort kennen", sagt sie: „oft habe ich eine oder auch zwei Stunden gewartet, bis ich ihn sehen konnte. Dann hat man in einem kleinen Zimmer gesessen, in dem auch noch acht oder zehn andere Leute waren, und sollte miteinander reden können. Man hat sich so vieles zu sagen und nur eine Viertelstunde Zeit. Das ist schlimm."

In den nächsten Tagen wird ihr Mann in die Strafanstalt nach Straubing gebracht. Dort darf sie ihn einmal im Monat für eine halbe Stunde besuchen.

„Einmal im Monat für eine halbe Stunde", sagt sie, „das ist doch nicht menschlich!"

Seit ihr Mann inhaftiert ist, hat er ihr fast täglich geschrieben. Jeder Brief, den er geschickt oder bekommen hat, ist von der Gefängnisbehörde kontrolliert worden.

„Zuerst hatte ich Schwierigkeiten, meine Briefe so zu schreiben, wie ich sie auch ohne Kontrolle geschrieben hätte", berichtet Ingrid S. „Ich hatte Angst, meine Gefühle zu zeigen, weil ich gewußt habe, daß andere Leute diese Briefe lesen. Aber heute denke ich einfach nicht mehr daran."

„Er hat die Tat durchgeführt, weil wir große Schulden machten", erzählt sie. „Im Januar 1974 haben wir uns ein altes Haus auf dem Land gekauft, das wir umbauten, um dort wohnen zu können. Die finanziellen Dinge hat immer mein Mann geregelt. Ich wollte nichts damit zu tun haben. Ich habe auch nicht nach seinen Sorgen gefragt. Das ist ein Fehler gewesen. Die

Arbeit und die Schulden sind immer größer geworden."

Jeden Abend sind sie nach der Arbeit noch fünfzig Kilometer aus der Stadt hinausgefahren, um an ihrem Haus zu arbeiten. Oft war es Mitternacht, bis sie nach Hause zurückkamen, und morgens um sechs Uhr sind sie wieder aufgestanden und ins Büro gegangen. Das hat beide gestreßt.

„Wir haben nie versucht, seine Tat zu entschuldigen", sagt Ingrid S., „aber muß der Strafvollzug so unmenschlich sein?"

Ihr Mann hat im Gefängnis gesehen, daß viele Ehen kaputt gehen, weil zwischen den Ehepartnern kein echter Kontakt möglich ist. „Die Zeitungen haben berichtet, daß die Gefangenen einen Raum für sexuelle Kontakte fordern", berichtet Ingrid S., „wirklich aber fordern sie nur Zimmer, in denen sie sich frei und ohne Kontrolle mit ihren Familien treffen können."

Gerade der enge Familienkontakt kann eine Chance für die Resozialisierung eröffnen.

Ingrid S. spricht von Schweden, weil sie sich über den Strafvollzug in Schweden informiert hat. Schweden ist für sie ein positives Beispiel: „Dort ist die Verbindung der Gefangenen zu ihren Familien möglich."

Hier in der Bundesrepublik gibt es nicht einmal eine Beratungsstelle für Frauen, deren Männer im Gefängnis sind.

„Ich bin so allein", sagt Ingrid S. „Am Arbeitsplatz hat man mir gesagt, daß ich meinen Mann verlassen soll, und plötzlich war ich weniger wert als meine Arbeitskollegen und ich konnte mit niemandem darüber sprechen."

Ingrid S. hat versucht, eine Gruppe von Frauen zusammenzuführen, die die gleichen Schwierigkeiten wie sie haben, aber keine Behörde hat ihr dabei geholfen. Deshalb ist sie heute noch genauso allein, wie im Oktober des vorigen Jahres.

Ich frage sie: „Haben Sie einmal daran gedacht, Ihren Mann zu verlassen?"

Ingrid S. antwortet: „Ich liebe meinen Mann. Ich werde ihn nicht allein lassen."

Günter de Bruyn, DDR, geb. 1926

Über Günter de Bruyn

Günter de Bruyn gehört mit seinen Erzählungen und Romanen zu den meistgelesenen Autoren der DDR. Der ehemalige Bibliothekar ist voll von Wissen aus Büchern. Aber dieses Wissen wird in Günter de Bruyns eigenen Büchern nicht trocken verarbeitet. Er erzählt lebendige Geschichten über solche Menschen, die er an seinem Arbeitsplatz – der Bibliothek – kennengelernt hat: andere Bibliothekare, Wissenschaftler, Schriftsteller, Funktionäre (und: die Frauen, beziehungsweise Freundinnen von diesen Leuten). Das Thema „Ehe" rückt bei Günter de Bruyn in den Vordergrund.

Aus dem Roman „Preisverleihung" können folgende Zeilen Günter de Bruyn charakterisieren:

Schön zu schreiben, das kann man erlernen, das Entscheidende aber lernt man nicht, das lebt man, das ist man, und deshalb sind Entscheidungen, die man im Leben trifft, auch Entscheidungen über die Bücher, die man schreiben wird.

Einige Titel

Buridans Esel, 1968 (Roman über den klassischen Dreieckskonflikt Mann–Ehefrau–Freundin, aber auch: Konflikte am Arbeitsplatz)

Preisverleihung, 1972 (Roman über eine mißglückte Preisrede zu einer literarischen Preisverleihung. Auch hier wieder Arbeits- und Ehekonflikte)

Geschlechtertausch, 1973 (Erzählung, in: Sinn und Form, Heft 2)

Märkische Forschungen. Erzählung für die Freunde der Literaturgeschichte, 1978

Kurz vor Feierabend

Sie hat ihn nicht hereinkommen sehen. Nie sieht sie die Leute an. Sie sieht nur die Hände, die ihr Geld, Telegramme oder Schecks über den Tisch reichen. Acht Stunden lang sagt sie bitte und danke, nennt Preise, schreibt, rechnet, zählt Geld, ohne die Leute zu sehen. Erst kurz vor Feierabend schaut sie von den Briefmarken und Stempeln auf. Sie will wissen, ob die Schlange vor ihrem Schalter kleiner geworden ist. Da sieht sie ihn.

Es regnet draußen. Alle Leute gehen mit Schirm und Mantel. Er trägt seinen schwarzen Anzug mit weißem Hemd und Schlips. Sein Haar ist trocken. Er ist mit dem Auto gekommen. Er hebt die Hand, um von ihr gesehen zu werden. Aber sie blickt sofort weg, auf die Telefonrechnung, die vor ihr liegt.

Ein kleines Mädchen verlangt zehn Briefmarken zu zwanzig Pfennig.

Ein Fräulein will wissen, was Pakete nach Holland kosten.

Eine Frau holt Geld. Ein Mann kauft eine Zeitung. Sie sieht nicht hoch. Sie wartet auf seine Stimme. Da ist sie.

„Kann man ein Paket mit Eis am Stiel nach Afrika schicken, Fräulein?" Das soll ein Witz sein. Sie will sich nicht über ihn ärgern. Also tut sie, als habe sie ihn nicht verstanden.

„Sie wünschen?"

„Guten Abend!" sagt er.

„Du?" Sie sieht überrascht aus. „Was ist los?"

Er reicht ihr ein Telegrammformular. Anstelle einer Adresse steht ihr Name. Der Text heißt: „Wir müssen heute miteinander ausgehen." Das Wort „müssen" ist groß geschrieben.

„Wohin?" fragt sie.

„Der Generaldirektor gibt einen Empfang. Ich bitte dich: du mußt unbedingt kommen. Es ist sehr wichtig."

„Für dich", sagt sie und wendet sich an den nächsten Mann in der Reihe. Der reicht ihr einen Scheck. Sie prüft die Nummer. Sie zählt das Geld. Dann sagt sie: „Warum nimmst du Gisela nicht mit?"

„Das weißt du so gut wie ich."

„Die Arme! Wohnst du jetzt bei ihr?"

Er spricht leise, sie laut. Alle Leute in der Schlange hören dem Gespräch zu. Er antwortet nicht. Er steht neben dem Schalter und sieht in eine Zeitung.

„Aber Gisela ist doch so intelligent", sagt sie und legt einen Brief auf die Waage. „Und gut sieht sie auch aus."

„Wie schwierig du bist", sagt er. Er nimmt eine Karte aus der Jacke und legt sie ihr auf den Tisch.

„Ein Brief nach Schweden kostet 35 Pfennige", sagt sie zu einer alten Frau.

Dann liest sie laut die Karte, die der Mann ihr

hingelegt hat: „Der Generaldirektor des Volkseigenen Kombinats lädt Sie und Ihre Ehefrau..."

Sie ruft ihrer Kollegin am Schalter zwei zu: „Du, hör mal! Hast du nicht Lust and Zeit, mit meinem Mann auf diese Party zu gehen?"

Die Kollegin lacht. Alle Leute sehen den Mann an.

„Schade für Deinen guten Ruf!" sagt sie. „Aber für dieses Theater bin auch ich mir zu schade."

Sie stellt ein Schild mit der Aufschrift „Geschlossen" vor ihren Schalter. Sie sortiert Geldscheine, verschließt die Kasse. Er geht ohne Gruß. Sie läuft schnell zum Fenster, um zu sehen, wie er in sein Auto steigt.

Ernst Jandl, Österreich, geb. 1925

Ernst Jandl ist Gymnasiallehrer in Wien. Er unterrichtet in den Fächern Deutsch und Englisch. Ernst Jandl ist also Sprachlehrer.

Das ist er nicht nur als Gymnasiallehrer, sondern auch als Schriftsteller.

Sein pädagogisches Ziel ist es, Augen und Ohren für Sprache empfindlich zu machen. Der Sprachlehrer Jandl ist auch Sprachkritiker. Indem er menschlichen Sprachgebrauch kritisiert, kritisiert er die Menschen, die diese Sprache sprechen und die Gesellschaft, in der diese Sprache gesprochen wird.

Ernst Jandl gehört zu den wichtigsten Hörspielautoren der deutschsprachigen Literatur.

Einige Titel

Laut und Luise, 1966 (1968 auf Schallplatte, Gedichte)
Fünf Mann Menschen, 1968 (Stereo-Hörspiel in Zusammenarbeit mit Friederike Mayröcker)
Giganten, 1969 (Stereo-Hörspiel in Zusammenarbeit mit
Friederike Mayröcker)
– für alle, 1974 (Gedichte und Texte)
die bearbeitung der mütze, 1978 (Gedichte)

Sieben Semmeln

Zwischen dem Morgentee
und dem Geschirrabwaschen abends
ißt er sieben Semmeln –
eine zum Morgentee
eine zum Gabelfrühstück
zwei zum Mittagessen
mit Messer und Gabel
eingebröckelt im Kaffee zur Jause wieder eine
und die letzten zwei
vor dem Geschirrabwaschen
zum Abendessen.

In der Zwischenzeit
zwischen den sieben Semmeln
klebt er an die Wände seines Kinderzimmers
Silbersterne.

Manchmal muß er dazu auf den Tisch steigen.
Manchmal ist auch das nicht hoch genug, dann stellt er
einen Sessel auf den Tisch.

Ist er fertig
auch mit dem Heruntersteigen
tritt er zurück
und betrachtet das Ergebnis aus der Ferne.

Billeteur

siebzehnte Reihe rechts
achte Reihe rechts
zweite Reihe rechts
elfte Reihe links
siebzehnte Reihe rechts
zwanzigste Reihe rechts
dreizehnte Reihe links
zweite Reihe rechts
dritte Reihe links
zehnte Reihe links
achtzehnte Reihe links
dreizehnte Reihe rechts
vierte Reihe links
zweite Reihe rechts
siebente Reihe links
vierzehnte Reihe links
neunzehnte Reihe rechts
siebente Reihe links
dritte Reihe links
dreizehnte Reihe links
was wird mein Biograph
einst daraus machen

Josef Reding,
Bundesrepublik Deutschland, geb. 1929

Josef Reding ist ein „Mensch im Revier", ein Mensch im Kohlengebiet der Bundesrepublik Deutschland: also ein Mensch im Ruhrgebiet. Dort ist er aufgewachsen, dort lebt er heute, dort kennt er die Probleme seiner Mitmenschen im Revier. Und: dort kennt man ihn, den Schriftsteller Josef Reding durch seine Bücher, Hörspiele, Fernsehdokumentationen, Pressekommentare der Lokalzeitung und besonders durch seine Öffentlichkeitsarbeit. Denn: Josef Reding tritt auf Marktplätzen auf, diskutiert vor Kaufhauseingängen, kämpft für die Rechte der Wehrdienstverweigerer, arbeitet mit Strafgefangenen.

Josef Reding ist ein Mensch, der die „Dritte Welt" kennt. Er war längere Zeit in Asien, Afrika und Lateinamerika. Mit seinen Fernsehdokumentationen war er einer der ersten in Europa, der auf das ungeheure Elend großer Teile der Weltbevölkerung aufmerksam machte.

In den USA war Josef Reding im engen Mitarbeiterkreis von Martin Luther King.

Josef Reding schreibt besonders gern für Kinder, was nicht bedeutet, daß nicht die Eltern diese Texte lesen können.

Einige Titel

nennt mich nicht nigger, 1957 (Kurzgeschichten)
allein in Babylon, 1960 (Kurzgeschichten)
Reservate des Hungers, 1966 (Tagebuch)
Der Mensch im Revier, 1967 (Rede)
Die Anstandsprobe, 1973 (Kurzgeschichten)
Gutentagtexte, 1974 (Kinderbuch/Elternbuch)
Ach- und Krachtexte, 1976 (Kinderbuch)
Schonzeit für Pappkameraden. Neue Kurzgeschichten, 1978
Kein Platz in kostbaren Krippen. Neue Weihnachtsgeschichten, 1979

Ein gewissen wird geprüft

Jetzt fragen sie mich schon zwanzig minuten, denkt georg. In zwanzig minuten passen viele fragen.

Und meine antworten auf ihre fragen waren nicht gut, obgleich ich aufgepaßt habe. Ich habe mich angestrengt, überzeugende antworten zu finden. Aber ich brauche nur in die gesichter der männer in der kommission zu schauen. Keine wirkung. Die gesichter sind ausdruckslos. Glattrasierte männergesichter. Warum sind nur männer in dieser kommission? Geht es nicht auch die frauen an, wenn ein junger mensch einen abscheu vor waffen und krieg hat, wenn einer, der jetzt neunzehn jahre alt ist, lieber in einem heim für behinderte kinder arbeiten will, anstatt in der kaserne schießen zu lernen?

Einige von den männern kennt georg. Durch fotos aus den zeitungen. Da ist fabrikant bolke. Bolkes firma macht fertighäuser. Bolke hat erfolg. Er hatte immer erfolg. Im letzten weltkrieg war er kommandant des bahnhofs in kiew.

Und da ist der bäcker heßling. Wo man mich hinstellt, tu ich meine pflicht, sagt bäcker heßling. Und er tut seine pflicht.

Er bildet lehrlinge aus. Er ist vorsizender der bäckerinnung. Und er ist mitglied der prüfungs-kommission für kriegsdienstverweigerer.

Fabrikant bolke hat gefragt: „Was tust du, wenn ein feindlicher soldat deine mutter vergewaltigen will?"
Und bäckermeister heßling hat gefragt: „Ein mann

läuft mit einem paket dynamit auf einen kindergarten zu. Du siehst den mann an dir vorbeilaufen. Und du siehst die spielenden kinder. Was machst du?"

Georg hat antworten gegeben. Keine schnellen antworten. Langsame antworten. Gestammelte antworten.

Und immer wieder die frage: „Warum willst du dein vaterland nicht mit der waffe verteidigen?"

Was soll georg sagen? Soll er erklären, daß er stundenlang wie gelähmt ist, wenn er auf bildern erschossene, erschlagene menschen sieht? Kann er den männern in der kommission klarmachen, daß er sich erbrechen mußte, als im fernsehen ein film von der erschießung eines deserteurs gezeigt wurde? Soll er sagen, daß er zittert, wenn in der nachbarschaft ein kind geschlagen wird?

Sie werden es nicht begreifen, denkt georg. Die männer, die mein gewissen prüfen sollen, werden den kopf schütteln. Besorgt werden sie den kopf schütteln. Und dann werden sie meinen antrag ablehnen. Und ich muß die uniform anziehen und das gewehr in die hand nehmen und ich muß üben, wie man einem anderen menschen das bajonett in den bauch stößt.

Wie gelähmt, erbrechen, zittern? Das sind für den fabrikanten bolke und den bäckermeister heßling keine argumente.

Ich muß auf etwas anderes kommen. Diese leute sind rechner, ich muß eine rechnung vorlegen! Das werden sie verstehen. Vielleicht.

„Ich glaube, man kann sein vaterland nicht mehr mit der waffe in der hand verteidigen", sagt georg. „Was ist das..., vaterland?" Sind das quadratkilometer boden? Oder besteht das vaterland aus menschen? Aus kindern, frauen, männern, greisen?

Wenn das vaterland aus solchen menschen besteht, dann kann ich es mit dem karabiner oder dem flammenwerfer oder der bombe nicht schützen. Und jetzt hören sie: Im krieg 1870/71 waren von hundert getöteten 92 soldaten und 8 zivilisten. Im krieg 1914/18 waren von hundert getöteten 72 soldaten und 28 zivilisten. Im krieg 1939/45 waren von hundert getöteten 51 soldaten und 49 zivilisten. Und im krieg in vietnam waren von hundert getöteten 2 soldaten und 98 zivilisten. Und im nächsten krieg...?

Die männer schauen auf georg. Fabrikant bolke hat einen silbernen kugelschreiber aus der tasche genommen und schreibt zahlen auf einen block.

Was wird nun? denkt georg.

„Wir müssen jetzt beraten", sagt bäcker heßling.

„Du kannst gehen. Wir geben dir später bescheid, ob dein gewissen anerkannt wird!"

Georg geht aus dem kreis der männer, die ihn geprüft haben.

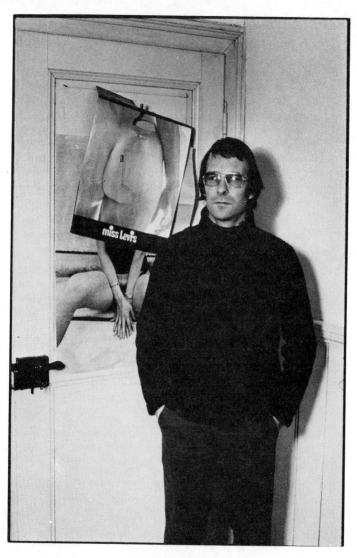

Jürg Schubiger, Schweiz, geb. 1936

Erst Lehrling in einer Kartonagenfabrik, dann Tierwärter in einem Tierkrankenhaus (der Schweizer sagt „Tierspital"), dann Gärtner und Holzarbeiter auf der Insel Korsika und in Südspanien, dann Werbetexter für Zahnpasta, dann Student der deutschen Sprache und Literatur und der Psychologie, nach Abschluß des Studiums Verlagslektor im väterlichen Verlag und gleichzeitig Schriftsteller und Sänger von Liedern: Auf diese Beschreibung paßt der Schweizer Jürg Schubiger, der in der verhältnismäßig stillen aber unverhältnismäßg reichen Provinzstadt Winterthur lebt.

In seiner Geschichtensammlung aus dem Jahre 1971 „Die vorgezeigten Dinge" stellt er auf nicht ganz 50 Seiten 38 kurze Geschichten vor. Die meisten handeln von solchen Dingen und Sachen, über die wir uns normalerweise gar keine Gedanken mehr machen, z.B. über den Stuhl.

Schubiger macht sich Gedanken darüber und er kommt oft zu überraschenden Resultaten.

Einige Titel

Dieser Hund heißt Himmel. Tag- und Nachtgeschichten, 1978

Der Tote am Schilift

Was ich hier berichte, ist vor elf Jahren, zwischen dem 6. und dem 12. Februar in Davos, im Kanton Graubünden, passiert. Ich war dort als Sanitätskorporal in einem Wiederholungskurs. Am Morgen, Mittag und Abend mußte ich bei der Mannschaft sein. Dazwischen blieb mir sehr viel freie Zeit. Einmal legte ich einem verstauchten Fuß einen Verband um. Ein anderes Mal gab ich denen Tabletten, die zuviel geraucht und getrunken hatten. Das war alles. Ich ging mit den Schiern in die Berge oder saß in einer kleinen Gaststätte und hörte mir die Witze an und die Geschichten aus dem Dorf, die hier erzählt wurden.

Eines nachmittags war da plötzlich ein phantastisch klingender Bericht, der sofort im ganzen Lokal diskutiert wurde.

Mit einem der Schilifte oben am Jakobshorn stimmte etwas nicht: gestern und vorgestern war er von selber in Bewegung gekommen. Beide Male zur genau gleichen Zeit, gegen Morgen um Viertel vor fünf. Und vor zwei Tagen hatte man am gleichen Schilift einen Mann gefunden, der tot im Schnee lag. Es war ein Gast aus Zürich, der hier im Hause sein Zimmer hatte.

Allen war klar: zwischen dem Toten und dem Schilift gab es eine Verbindung.

Ich bekam große Lust, der Sache nachzugehen.

Nach dem Abendessen ging ich zum Gasthof zurück. Ich kannte den Wirt recht gut und bat ihn, ein Glas

Wein mit mir zu trinken. Wir setzten uns in eine ruhige Ecke.

„Der Tote ist weg", sagte der Wirt. „Er wird in Zürich beerdigt. Gott sei Dank. Als er hier ankam, fragte er, ob ein Zimmer zu kaufen sei. Ich sagte: ‚Zu mieten, ja.' Das genügte ihm nicht. Er war sehr sauer, aber zum Schluß nahm der das Zimmer dann doch."

Der Wirt hatte neugierig alle kleinen Tatsachen rund um den Toten gesammelt. Nun packte er Stück um Stück vor mir aus.

„Gestern war einer da", erzählte er weiter, „ein Deutscher, der seine Schier mit denen des Toten verwechselt hat. Er brachte die fremden Schier zurück und wollte die eigenen wiederhaben. Wir suchten sie, aber wir fanden sie nicht."

„Wieso wußte der Deutsche, wem die Schier gehören?" fragte ich. Der Wirt nahm Papiere verschiedener Größe aus seiner Tasche und legte dann einen kleinen Zettel vor mich hin.

„Diese Schier gehören Alois Zellweger im Gasthaus ‘Landwasser’ in Davos-Platz" stand darauf.

„Allem hat der Tote solche Zettel angehängt, den Kleidern, der Zahnbürste, den Schiern, dem Koffer natürlich, sogar dem Kugelschreiber, allem. – Heute hat man übrigens die anderen Schier wiedergefunden. Sie standen noch immer da, wo der Deutsche sie vor drei Tagen hingestellt hatte: an der Wand eines Kioskes auf der Ischalp. – Ja, auf der Ischalp", sagte der Wirt.

„Dorthin will ich heute nacht", erklärte ich. „Ich möchte die Nachtfahrt des Schilifts aus der Nähe erleben."

Der Wirt lachte: „Genau das habe ich auch vor."

Wir verabredeten, den Weg gemeinsam zu machen und tranken auf unser Wohl.

„Sie haben da noch weitere Sachen des Toten?" fragte ich.

„Sein Gepäck ist noch hier", entschuldigte sich der Wirt, „ich konnte nicht anders. – Dies ist ein schwedisch-deutsches Wörterbuch, das er bei sich trug. Und dies ist eine Fahrkarte für zehn Fahrten auf unserem Schilift."

Die Karte hatte fünf Löcher. In der Mitte stand von Hand geschrieben: „Diese Karte gehört Alois Zellweger im Gasthaus 'Landwasser' in Davos-Platz." Ich sah mir auch das Wörterbuch genauer an. Einige Wörter waren rot unterstrichen, zum Beispiel „skidliften", „skidan" und „biljetten".

Um drei Uhr morgens trafen wir uns wieder, der Wirt und ich. Wir wanderten zu Fuß hinauf durch den Wald. Der Himmel war bewölkt. Doch vom Schnee her kam etwas Helligkeit.

Nach etwa anderthalb Stunden lag die Ischalp vor uns.

Von hier aus ging der Schilift nach oben. Da war das kleine Holzhaus, in dem bei Tag einer saß, der die Fahrscheine kontrollierte. Wir setzten uns auf eine Bank an der Seite des Hauses und warteten. Genau um Viertel vor fünf kam dann der Schilift in Bewegung. Wir sahen die Bügel einen nach dem anderen im Halbdunkel verschwinden. Das Ganze dauerte achtzehn Minuten. Genau so lange brauchte ein Bügel bis er oben war, das wußte ich.

Auf dem Heimweg sprachen wir wenig. Wir waren müde und etwas enttäuscht.

„Sie verstehen noch immer nicht mehr als ich, nicht wahr?" fragte der Wirt, als wir uns am nächsten Tag wieder sahen. Es war nach dem Mittagessen. Wir tranken Kaffee und schoben Zellwegers Papiere, die vor uns lagen, auf dem Tisch hin und her. Plötzlich entdeckte ich, daß die Schiliftkarte des Toten sich verändert hatte. Gestern hatte ich darin fünf Löcher gesehen. Jetzt waren es sechs: fünf in einer Reihe und eins gegenüber.

Der Wirt lachte sehr laut, als ich ihm das neue Loch zeigte: „Mir ist die Sache jetzt klar. Der Tote fährt einfach Schilift, das ist alles. Auf der Karte sind noch vier Felder frei. Es dauert also noch vier Nächte, und dann haben wir Ruhe. Und er auch."

Tatsächlich fanden wir jeden Morgen ein weiteres Loch auf der Karte. Und als kein Feld mehr frei war, gab es auch auf der Ischalp keine Nachtfahrten mehr.

Damit aber war für mich die Sache nicht erledigt. Viele Fragen stellten sich jetzt erst deutlich genug: Wie war Zellweger gestorben? War er auf der Ischalp dem Deutschen, der seine Schier hatte, zu Fuß gefolgt, dem Schilift entlang?
Hatte er oben beim Suchen den Weg verloren?

Und wann war er gestorben? Am Morgen um Viertel vor fünf?

Wie war es überhaupt möglich, daß der Schilift nachts in Fahrt kam? *Mußte* er einfach fahren, weil der Tote noch auf einige Fahrten Anspruch hatte und weil Besitz ihm alles bedeutete?

Noch lange nach dem Wiederholungskurs beschäftigten mich diese Fragen. Vieles blieb ganz im Dunkeln.

Was zum Beispiel die rot unterstrichenen Wörter „skidliften", „skidan" und „biljetten" mit der ganzen Sache zu tun hatten, ist mir nie klar geworden.

Urs Widmer, Schweiz, lebt in der
Bundesrepublik Deutschland, geb. 1938

Dichter können zaubern:
In seinem Buch „Schweizer Geschichten" zaubert sich Urs
Widmer einen Freiballon, einen englischen Freiballonpilo-
ten und eine dicke Frau, und: auf geht's vom Frankfurter
Rhein-Main-Flughafen in Richtung Schweiz.
Über seiner Vaterstadt Basel fängt er zu weinen an. „Nur
Fabriken. Qualm und Eisenbahngeleise. /.../ Das war einmal eine Stadt mit Biergärten und Kastanien, Handorgel-
orchestern, stillen Straßen, Kolonialwarenhandlungen."
Dichter können nicht zaubern: Ein Autor wie Urs Widmer
würde Basel wieder zu der Stadt zaubern wollen, in der er
aufgewachsen ist. Er würde die Umweltverschmutzung weg-
zaubern. Er würde das Eisenbahn- und Autobahnnetz, das
nun die Stadt aufteilt und in eine einzige Lärmquelle ver-
wandelt, in stille Straßen mit Parks zurückverändern.

Dem Urs Widmer kommen die Tränen über Basel, weil er
ein menschenfreundlicheres Basel kennt, das er nur noch
durch Erinnerung hervorzaubern kann. Er fühlt sich macht-
los.
Die Freiballonfahrt führt in 13 Kantone. Der Leser lernt die
Schweiz durch den Blick des Wahlfrankfurters und gebür-
tigen Schweizers Urs Widmer kennen.

In seinen Prosa- und Hörspielarbeiten spielen Phantasie und
Sehnsüchte eine wichtige Rolle.

Einige Titel

Alois, 1968 (Erzählung)
Das Normale und die Sehnsucht, 1972 (Essays und Ge-
    schichten)
Die Forschungsreise, 1974 (ein Abenteuerroman)
Die schreckliche Verwirrung des Giuseppe Verdi, 1974
    (Hörspiel)
Die gelben Männer, 1976 (Roman)
Vom Fenster meines Hauses aus, 1977 (Prosa)

Was wäre, wenn die Dichter zaubern könnten?

Wenn jetzt Frühling wäre oder wenn die Sonne schiene oder eine alleinstehende hübsche Dame mich abholte oder sogar ein richtiger Regen vom Himmel fiele und mir den Kopf wüsche: was täte ich, wohin ginge ich? In wessen Haus äße ich mein Frühstück, in wessen Bett schliefe ich, wer wäre ich? Schließlich bin ich seit Jahren Akademiker, Babysitter (ja, einmal wollte ich auch Bäcker werden, mit weißen Haaren, Händen, Hosen und Jacken, so als wären sie voller Gips), Campingfreund, Dichter, Ehemann, Fußgänger, Gastarbeiter, hungrig, ich, Kamerad von Kavalieren, Lehrer, mal munter mal müde, Nichtraucher, Obstkuchenfreund, Pessimist, Quatschkopf, Rotweintrinker, Schifahrer, Theaterautor, Untermieter, vorsichtig, Walzertänzer (1. Preis in der Tanzschule Bickel) und Zahnarztpatient mit Nerven. Das ist alles wahr. Das bin ich. Irgendwann ist alles so geworden, irgendwie.

Ich bin 37 Jahre alt, Schweizer, wohne in Frankfurt am Main, meine Frau heißt May, wie May Britt, nicht wie Mae West, und wenn wir ein Kind hätten, hieße es Fanny.

Das heißt nicht, daß ich nicht manchmal gern jemand und etwas anderes wäre. Oh, ich wäre dann, statt ein alternder Autor von Romanen und Theaterstücken, ein Alpenbewohner, ein Bauer in den Bergen, ich machte Charterreisen nach China, würde vielleicht ein Däne in Dänemark, hätte die erstaunlichsten Erlebnisse, führe mit dem Fahrrad durch Frankreich, bliebe gesund, hielte einen Hammer in der Hand aber doch keine Sichel, interessierte mich weniger für mich, würde Jazzmusiker, küßte komische Kindergärtnerinnen, liefe durch leere Landschaften, mietete modernste Motorräder, wäre neugierig, optimistisch und praktisch, schriebe nur noch Qualitätsware, reiste in ruhigen Raucherabteilen, stiege in schmutzige Schornsteine, wäre trotzdem traurig, würde uralt, verlöre jede Vorsicht und würde trotzdem nicht wahnsinnig, hätte nie mit einer Xanthippe zu zun und zöge mir, als mein eigener Zahnarzt, alle Zähne selbst.

Oder ich veränderte, statt mich, meine Umgebung. Zum Beispiel: ich hielte einen D-Zug zwischen Stockholm und Malmö an. (Das sind so ungefähr die zwei einzigen Städte in Schweden, die ich kenne.) Ich forderte, daß überall auf der Welt die Umweltverschmutzung sofort aufhören und daß alles ganz anders werden müsse, freundlicher, froher und freier. Wir wollen uns wohlfühlen, schriee ich. Sonst ließe ich den Schaffner im Regen stehen, bis er eine Lungenentzündung habe, und ob das jemand wolle. Auch müsse die Europäische Wirtschaftsgemeinschaft sofort verboten werden, weil es nicht gehe, daß alle Menschen in Europa das gleiche Kartoffelmodell äßen.

Das wäre etwas, eine Welt, die von den Dichtern gemacht würde! Dichter müßten sowieso zaubern können. Sie konnten es einmal, vor hunderttausend Jahren. Die Schwierigkeit wäre heute nur, daß alle Dichter für sich eine eigene, sehr persönliche Welt herzaubern würden. Jeder würde die Welt seines Kollegen kaputtzaubern wollen. Jeder geträumte Mord wäre plötzlich wahr. Jedes Gedicht ließe Blumen wachsen und Wälder verschwinden. Ach, es ist gut, daß die Dichter nicht zaubern können.

Barbara Frischmuth, Österreich, geb. 1941

Über Barbara Frischmuth

Die Österreicherin Barbara Frischmuth ist in einer Klosterschule erzogen worden. Diese Erziehung hat bei ihr eine
Sehnsucht nach „Weite" provoziert. Der Sprung von der
Klosterschule zu mehrjährigen Aufenthalten in Ungarn und
der Türkei ist nicht nur weit: Es war ein Stabhochsprung
über die Klostermauern. Besonders in der Türkei hat Barbara Frischmuth gelernt, die Welt nicht einseitig aus mittel-
europäischer Sicht zu interpretieren.

Das Thema „Frau" spielt bei ihr eine wichtige Rolle. In
dem Erzählband „Haschen nach Wind" erzählt sie vier Geschichten von Frauen, die mit ihrem Leben nicht fertig werden. Die eine ist einsam in ihrer Vorortvilla; die andere
leidet an den Gewohnheiten ihres Mannes so stark, daß sie
ihn am liebsten töten möchte; die dritte – ein minderjähri-
ges Dorfmädchen – nimmt sich das Leben, weil sie ein Kind
von ihrem Lehrer bekommt; die vierte – eine geschiedene
Frau mit Zwillingen – scheint mit ihrer Situation ganz zufrieden zu sein, obwohl sie kaum eine freie Minute für sich
selbst hat. Barbara Frischmuth fragt sich aber, ob diese
Frau nicht einfach zufrieden ist, weil sie keine Zeit hat,
über ihr phantasieloses Leben nachzudenken.

Barbara Frischmuth schreibt auch Kinderbücher und über-
setzt aus ungarischer und türkischer Literatur.

Einige Titel

Die Klosterschule, 1968 (Erzählung)
Amoralische Kinderklapper, 1969 (Geschichten)
Geschichten für Stanek, 1969
Das Verschwinden des Schattens in der Sonne, 1973 (Roman)
Kai und die Liebe zu den Modellen, 1979 (Roman)
Die Mystifikationen der Sophie Silber, 1976 (Roman)

Wenn ich könnte, wie ich wollte

„Wenn ich könnte, wie ich wollte" hört man Frauen oft sagen. Frauen, die zu wissen glauben, was sie wollen.

Was wollen sie also, diese Frauen, die es wirklich wissen sollten?

„Ich wüßte schon, was mir steht", sagt Frau A., „wollte mein Mann mir nur genügend Geld geben, damit ich mir all diese schönen Dinge auch kaufen kann."

Sie kann sich die meisten dieser schönen Dinge, von denen sie weiß, daß sie ihr stehen müßten, nicht leisten. Sie ist Hausfrau, betreut ihre drei Kinder selbst und ist vom Gehalt ihres Mannes abhängig. Soll sie uns leidtun deswegen? Würde sie sich all diese schönen Dinge leisten können, wenn sie berufstätig wäre? Als Verkäuferin oder in einer Fabrik? Wenn sie nur für sich selbst sorgen müßte?

„Ich würde schon gerne ein Kind haben wollen", sagt Frau B.

„Aber wenn ich mir vorstelle" – sie arbeitet als Fremdsprachenkorrespondentin in einem großen Betrieb – „daß ich dann entweder zu Hause bleiben oder mein Kind von jemand anderem betreuen lassen müßte, verzichte ich lieber.

Ich mag meinen Beruf so gern.

Ich würde aber auch mein Kind sehr mögen.

Darf ich das eine dem anderen vorziehen?

Oder muß ich mich nicht entscheiden?

Kann ich gleichzeitig eine gute Mutter und eine gute Fremdsprachenkorrespondentin sein und bleiben?

Die Wirtschaft sagt ja.

Die Psychologen sagen nein und ja.

Die Ehemänner sagen ja und nein.

Die kleineren Kinder würden vielleicht nein sagen, die größeren ja, aber man fragt sie erst gar nicht."

Ich muß es deutlich sagen. Was ich da schreibe, gebe ich nur zu bedenken. Ich will zu niemandem sagen: „Du kannst kaum, du darfst gar nicht, du sollst nie, du willst doch, du magst nun einmal oder du mußt einfach." So wie es immer wieder heißt: „Die Frau muß sich emanzipieren!" (Wovon?)

„Sie soll sich endlich selbst verwirklichen!" (Aber wie?)

Durch Arbeit?

Muß es unbedingt Arbeit sein?

Nur welche Arbeit?

Eine, zu der man frühmorgens geht, um am Nachmittag müde von ihr zurückzukommen?

Die man nicht tut, weil sie einem Freude macht oder einen bestätigt, sondern weil man sich mit dem Lohn dafür ein kleines Stück Unabhängigkeit vom eigenen Mann erkauft? Und abhängig von der Arbeitszeit wird?

Sie finden, daß ich die Frage nicht so unfair stellen soll? Ich darf wohl annehmen, daß viele Frauen ihren Beruf, so wie ich, wirklich lieben, daß er für sie eine Notwendigkeit ist.

Aber ich muß wohl auch annehmen, daß in den meisten Fällen eine Notwendigkeit besteht, daß Frauen einen Beruf haben.

Sollten wir Frauen uns nicht ein neues Bild von uns machen?

Eines, das nicht dem entspricht, das die Industrie-Gesellschaft sich gemacht hat?

Man darf ruhig sagen, daß aus dem „bete und arbeite" früherer Zeiten ein „arbeite und laß mit dir das Liebesspiel spielen" geworden ist.
Soll das alles sein?
Oder müssen wir den Spieß umkehren, zeigen, daß wir Manns genug sind, die Rolle der Männer zu übernehmen?

In den europäischen Mythen finden sich interessante Hinweise.
Die Frau als Priesterin, Wegbereiterin für die klassischen Religionen.
Die Frau als Hexe, Wegbereiterin für die Medizin.
Die Frau als Muse, Wegbereiterin für die Kunst.

Warum sollten wir uns jetzt nicht als Wegbereiterinnen für eine neue Form des Mit- und nicht Gegeneinanderlebens sehen wollen?

Sollten wir es uns nicht einmal in Ruhe überlegen können, wie wir das Angebot an Ideologien durch funktionierende Praktiken ersetzen können? Praktiken, die unseren Wünschen mehr entgegenkommen mögen, als der Arbeitsprozeß (welch häßliches Wort), in den wir eingegliedert sind?

Ich möchte für Muße zum Denken stimmen, vor allem für die Frauen. Wir haben es lange genug dulden müssen, andere für uns denken zu lassen.

Sollten wir nicht endlich die Gelegenheit dazu haben und nützen?

Jurij Brězan, DDR, geb. 1916

Wenn Jurij Brězan sagt:

Das Bergland im Süden, der Spreewald im Norden,
dazwischen der Raum unseres Lebens

dann meint er seine sorbische Heimat im Südosten der DDR.
Jurij Brězan ist Sorbe. Die Sorben sind das kleinste sla-
wische Volk. Die zirka 100 000 Sorben bilden in der DDR
eine Minderheit.

Die Geschichte der Sorben ist eine Geschichte der Unfrei-
heit. Erst die DDR gab den Sorben ein Vaterland. Sie gab
ihnen Ruhe, über die eigene Geschichte und über die eigenen
Kulturtraditionen nachzudenken.

Jurij Brězan ist zweisprachig. Es gibt den sorbischen und
den deutschsprachigen Autor Jurij Brězan.

Jurij Brězan findet seine Themen fast ausschließlich in seiner
Heimat. Bei ihm führt dies aber nicht zur Isolation. Er sieht
über die Stadtmauern seiner Heimatstadt Bautzen weit
hinaus.

Einige Titel

Eine Liebesgeschichte, 1962 (Erzählung)
Reise nach Krakau, 1966 (Erzählung)
Die Abenteuer des Kater Mikosch, 1967 (Kinderbuch)
Die schwarze Mühle, 1968 (Erzählung)
Der Mäuseturm, 1971 (Erzählungen)
Lausitzer Impressionen, zusammen mit dem Fotografen
    Gerald Grosse, 1972 (großer Bild- und Textband über
    Land und Leute in der Lausitz)
Krabat oder Die Verwandlung der Welt, 1976 (Roman)
Ansichten und Einsichten. Aus der literarischen Werkstatt,
    1976 (Reden, Aufsätze, Essays, Gespräche)

Ich weiß nicht

Einmal fuhr ich nach Schweden. Zwischen Saßnitz und Trelleborg schwammen Eisschollen. In meinem Gepäck befand sich eine große Flasche tschechischer Slibowitz, vielleicht gegen den schwedischen Winter, vielleicht als Gastgeschenk für irgend jemanden.

Das Auge des Zollbeamten verfing sich in der Zeitung, in die ich den Slibowitz eingewickelt hatte. Er erbat sich das Blatt, verdeckte – ohne hinzusehen – die nun nackte Flasche mit meinem Pyjama und schaute sich die Zeitung an. Darin waren Frauen in einer Tracht abgebildet, wie sie der Zollbeamte noch nicht gesehen hatte. Er sagte, sein großes Hobby sei Volkskunde. Ich erklärte, es handele sich hier um sorbische Volkstrachten, und ich sei ein Sorbe. Der Beamte konnte sich nicht entsinnen, schon einmal einen lebendigen Vertreter des kleinsten slawischen Volkes gesehen zu haben.

Weil sein Dienst endete und er sowieso nach Stockholm fuhr, blieb er in meinem Abteil sitzen und hatte tausend Fragen. Auf seiner Eisenbahnkarte zeigte ich ihm, wo wir leben – nämlich im Südosten der DDR – beantwortete das erste Dutzend seiner Fragen und öffnete die Flasche. Wir tranken uns zu, auf schwedische und auf sorbische Art. Das war eine gute Gelegenheit, uns den Volksbräuchen zuzuwenden.

Wir unterhielten uns lebhaft. Das Notizheft des Beamten füllte sich schnell, und die Flasche leerte sich nicht sehr langsam. Als sich darin mehr Luft als Slibowitz befand, gingen wir zu den Volksmärchen über. Er, der Beamte, freute sich, so viel darüber hören zu können. Ich, der Reisende, freute mich, einen so wißbegierigen Zuhörer zu haben, und weil wir uns beide freuten, ging der Slibowitz zu Ende. Wir verbrüderten uns nicht, aber die Buchstaben, die der Zöllner nun in sein Heft schrieb, wuchsen sich zu Riesenbuchstaben aus. Mir drehten sich die Märchen im Kopf herum, und ich sagte: „Ich weiß nichts mehr."

Doch dabei erinnerte ich mich an Jakub Kuschk, den Müller und Meistertrompeter, als er seinen Freund etwas fragte und der anwortete: „Ich weiß nicht."

„Ichweißnicht ist ein langweiliger Ort", sagte Jakub Kuschk. „Ich war einmal dort. Ich traf ein Mädchen, in der Taille schmal wie eine Wasserfee, ein bißchen weiter unten prall wie ein Sack Mehl. Ich fragte sie, willst du mitgehen. Ich weiß nicht, sagte sie. Ich nahm sie an der Hand, es war Sommer. Ich fragte, willst du etwas trinken. Ich weiß nicht, sagte sie. Ich kaufte ihr Salzbrezeln zu essen und gab ihr Wein zu trinken und führte sie in die Wiesen. Ich baute uns ein Heubett und fragte, willst du dich nicht hinlegen. Ich weiß nicht, sagte sie. Ich zog sie aus. Sie half mir bei den Strümpfen, wegen dem Gespinst, und anderswo, wegen meinem Ungeschick und ihrer Ungeduld. Ich küßte sie vom Ohr bis zur Zehe, abwärts und aufwärts. Sie kugelte sich zusammen wie ein Igel. Ich fragte, willst du ewig Jungfer bleiben. Ich weiß nicht, sagte sie, und ich stülpte ihr den Heustock über den Kopf. – Ichweißnicht ist der langweiligste Ort, den ich kenne."

Als wir in Stockholm ankamen, stand der Hauptbahn-
hof doppelt da. Ich weiß nicht, wieso.

Ludwig Harig,
Bundesrepublik Deutschland, geb. 1927

Über Ludwig Harig

Ludwig Harig war – bevor er freischaffender Autor wurde – über 20 Jahre lang Volksschullehrer. Diese Berufserfahrung ist für die literarische Produktion Ludwig Harigs von großer Bedeutung. Als Autor hört Harig nicht auf, Lehrer zu sein. Der Volksschullehrer unterrichtet alle Fächer. Er muß vielseitig, allseitig sein. Für den Autor Ludwig Harig ist eine allseitige Beschreibung dieser Welt wichtig. Seine Lektionen wollen Verständigung lehren. Sie wollen eine bessere Zukunft zeigen. Sie wollen den Zustand verändern.

Ludwig Harig nimmt die Sprache ernst; er nimmt sie beim Wort. Er spielt mit ihr. Er macht Sprachspiele. Das Spiel gehört zum Ernst wie der Ernst zum Spiel gehört. Ludwig Harig zeigt, wie kritiklos und leichtfertig wir Menschen mit Sprache umgehen. Er zeigt dies in seinen Texten und in seinen vielen Hörspielen. Ludwig Harig gehört zu den bekanntesten deutschsprachigen Hörspielautoren.

Einige Titel

Das Fußballspiel, 1967 (Hörspiel)

Staatsbegräbnis, 1969 (Hörspiel: es handelt vom Staatsbegräbnis Konrad Adenauers. Heute liegt dieses Hörspiel in gekürzter Form zusammen mit einem Hörspiel über Walter Ulbrichts Staatsbegräbnis auf einer Schallplatte vor. /1975/)

Sprechstunden für die deutsch-französische Verständigung und die Mitglieder des Gemeinsamen Marktes, Ein Familienroman, 1971 (1974 Taschenbuch)

Und sie fliegen über die Berge weit durch die Welt, 1972 (Sammlung von Schüleraufsätzen)

Allseitige Beschreibung der Welt zur Heimkehr des Menschen in eine schönere Zukunft, 1974.

Rousseau, Der Roman vom Ursprung der Natur im Gehirn, 1978

Heimweh. Ein Saarländer auf Reisen, 1979 (Reiseeindrücke)

Jenseits von Zuckerbrot und Peitsche oder:
Die Aufhebung der Widersprüche

Die Welt ist weder so noch so, sondern anders.

Überall gibt es ein Ding und sein Gegenteil. So zum Beispiel das Leben und den Tod, das Leben und die Kultur, aber auch das Leben und die Schule.

Martin Luther setzt das Leben gegen den Tod und den Tod gegen das Leben. Thomas Mann setzt das Leben gegen die Kultur und die Kultur gegen das Leben. Ich aber setze das Leben gegen die Schule und die Schule gegen das Leben. Martin Luther, Thomas Mann und ich selbst setzen das eine gegen das andere. Wir bilden Gegensätze.

Wenn aber zwischen dem Leben und dem Tod, zwischen dem Leben und der Kultur und zwischen dem Leben und der Schule ein Gegensatz besteht, dann ist damit nicht gesagt, daß die Kultur etwas mit dem Tod und daß der Tod etwas mit der Schule zu tun haben muß; aber die Kultur und die Schule können das eine ohne das andere nicht sein. Das eine spricht wider das andere. Die Welt ist voller Widersprüche.

Die Lebemänner sagen: „Das Leben kann ohne die Schule, die Schule kann aber nicht ohne das Leben bestehen." Die Lehrer dagegen sagen: „Die Schule kann wohl ohne das Leben, das Leben kann aber nicht ohne die Schule bestehen." Dies hat den Lehrer Seneca auf das Sprichwort gebracht: „Non vitae, sed scholae discimus!" was auf deutsch bedeutet: „Nicht für das Leben, sondern für die Schule lernen wir!"

Aber die Lebemänner haben dieses Sprichwort geändert, sie sagen: „Nicht für die Schule, sondern für das Leben lernen wir!" Und so bleiben die Widersprüche ungelöst.

Wir aber heben die Widersprüche auf. Wir verbinden das Leben mit der Schule und die Schule mit dem Leben, damit es in unserer lebenden Schule ein schulendes Leben und in unserem schulenden Leben eine lebende Schule gibt.

Nun bestehen aber im Leben die gleichen Widersprüche wie in der Schule. Und in der Schule bestehen die gleichen Widersprüche wie im Leben, wie zum Beispiel der Widerspruch zwischen Arbeit und Urlaub, zwischen Arbeit und Freizeit und zwischen Arbeit und Spiel. Urlaub, Freizeit und Spiel aber sind nicht dasselbe.

Jemand wie ein Lebemann und Fabrikbesitzer betont gern den Widerspruch zwischen Arbeit und Urlaub. Jemand wie ein Lehrer und Gewerkschaftler betont lieber den Widerspruch zwischen Arbeit und Freizeit. Und jemand wie ich selbst betont am liebsten den Widerspruch zwischen Arbeit und Spiel. Auch hier treffen sich nicht die Freizeit und der Urlaub. So wie auch der Urlaub sich nicht mit dem Spiel trifft, als wären sie einander gleich. Aber zwischen der Freizeit und dem Spiel besteht eine lustige Zusammenarbeit.

Doch wir heben den Widerspruch zwischen Arbeit und Spiel auf. Wir verbinden die Arbeit mit dem Spiel und das Spiel mit der Arbeit, damit es in unserem arbeitenden Spielen ein spielendes Arbeiten und in unserem spielenden Arbeiten ein arbeitendes Spielen gibt.

In der Zukunft soll es nicht hier die Arbeit und dort das Spiel, nicht hier die Unterrichtsstunde und dort die Pause, nicht hier den Bildungshunger und dort das Knäckebrot geben.

Erst die lustige Zusammenarbeit zwischen Arbeit und Spiel, zwischen Unterrichtsstunde und Pause, zwischen Bildungshunger und Knäckebrot schafft einen neuen Menschen, jenseits von Zuckerbrot und Peitsche. Doch im spielenden Arbeiten und im arbeitenden Spielen wird die Peitsche nicht einfach zum Zuckerbrot und das Zuckerbrot zur Peitsche werden, o nein. Dieser neue Mensch wird nicht außer sich sein, sondern er wird zu sich kommen. Denn diese lustige Zusammenarbeit von Arbeit und Spiel und dieses frohe Zusammenspiel zwischen Spiel und Arbeit wird den neuen Menschen ganz frei machen von Zuckerbrot und Peitsche.

Aber das dürfen wir nicht weitererzählen, damit dieser neue Mensch nicht plötzlich seinen Widerspruch hervorruft und wir wieder genau so da stehen wie eh und je.

Max von der Grün,
Bundesrepublik Deutschland, geb. 1926

Er hat 3 Jahre Kriegsgefangenschaft hinter sich.
Er hat eine abgeschlossene kaufmännische Lehre.
Er hat eine abgeschlossene Maurerlehre.
Er hat 12 Jahre unter Tage im Ruhrbergbau gearbeitet:
als: Schlepper, Hauer und nach einem schweren Unfall
als Grubenlokführer.

Er hat sich seit 1953 mit schriftstellerischen Arbeiten beschäftigt. 1963 ist er von seiner Grubenlokomotive auf den Schreibtischstuhl umgestiegen. Anstatt Kohle transportiert er nun Wörter, Sätze, Meinungen, Erfahrungen, politische Ansichten. Der ehemalige Schlepper unter Tage schleppt den Grubenalltag ans Licht. Der ehemalige Kohlenhauer haut in die westdeutsche Literatur, die die Arbeitswelt nicht zum Thema machte. Aus dem Lokführer ist ein literarischer Wortführer geworden.

Max von der Grün hat Romane, Erzählungen, Hörspiele, Theaterstücke, Fernsehspiele und Dokumentationen für Rundfunk und Fernsehen geschrieben. Einige der Romane und Erzählungen sind in der DDR und in der Bundesrepublik Deutschland verfilmt worden.

Einige Titel

Männer in zweifacher Nacht, 1962 (Ein Grubenroman)
Irrlicht und Feuer, 1963 (Ein Grubenroman, in der Bundesrepublik Deutschland und DDR verfilmt)
Fahrtunterbrechung und andere Erzählungen, 1965
Am Tresen gehn die Lichter aus, 1972 (Erzählungen)
Wenn der tote Rabe vom Baum fällt, 1975 (Ein Reisebericht von Reisen nach Izmir, Istanbul, Teheran, Kabul, Karachi, Tel Aviv und Jerusalem)
Reisen in die Gegenwart, 1976 (Prosa)
Flächenbrand, 1979 (Roman)
Wie war das eigentlich? Kindheit und Jugend im Dritten Reich, 1979 (Jugendbuch)

Kettenreaktion

Im September 1969 kam ich nach einem mehrwöchigen Aufenthalt in der Türkei mit einem Freund in die Bundesrepublik zurück. An der österreichisch-deutschen Grenze kauften wir uns erst einmal einen Stapel deutscher Zeitungen. Schließlich waren wir hungrig nach Information.

In jeder Zeitung lasen wir aus mehr oder minder großen Überschriften, daß die Belegschaft eines großen Stahlwerkes in einen wilden Streik getreten ist, und das noch in meiner Heimatstadt Dortmund. Ich war aufgeregt, ich mußte dabei sein. Also Gas geben. In einer Non-stop-Fahrt 700 km nach Dortmund.

Der wilde Streik (einer von der Gewerkschaft nicht genehmigter, also auch nicht unterstützter) hatte seine Ursache in den unglaublich hohen Gewinnen des Unternehmens und den seit eineinhalb Jahren nicht angehobenen Löhnen für die Arbeiter und Angestellten.

Am anderen Vormittag fuhr ich mit dem Fahrrad zur Bank, um mir Geld abzuholen. Ich wohne mitten in diesem Arbeitervorort, in dem das Zentrum des Streiks lag. Auf dem Weg dorthin mußte ich an der Zeche „Minister Stein" vorbei. Die Belegschaft dieser Zeche hatte sich am Vortag dem Streik der Stahlarbeiter angeschlossen, was ich noch nicht wußte.

Auf dem Platz vor dem Haupttor standen etwa zweitausend Männer, die einen stumm und ratlos, wie mir schien, andere Gruppen aber diskutierten heftig aufeinander ein. Ich lehnte mein Fahrrad an eine Hauswand dem Platz gegenüber und versuchte einige Worte zu verstehen, die da über den Platz geschrien wurden.

Aber ich verstand nicht, um was es eigentlich ging.

Da hörte ich meinen Namen rufen, und als ich mich umwandte, kam Karl auf mich zu, aufgeregt, mit den Armen rudernd. Mit Karl stehe ich manchmal in meiner Stammkneipe am Tresen. Wir trinken Bier und diskutieren.

Komm mal mit, du Großschnauze! rief er schon von weitem. Guck dir mal an, was die Unternehmensleitung am Tor angeschlagen hat. Viele der Männer kannten mich natürlich. Ein Schriftsteller ist ja kein unbekanntes Wesen in einem Arbeitervorort. Sie lästerten, lachten und frotzelten hinter mir her. Es war nicht böse gemeint. Man muß ihre Sprache sprechen, um zu wissen, wie es gemeint ist.

Einer rief hinter mir her: Unser Dichter kommt, Platz machen, der regelt das schon jetzt für uns. – Und alle lachten.

Am Tor war auf dem Anschlag zu lesen, daß derjenige fristlos entlassen wird, der um 14 Uhr, also mit Beginn der Mittagsschicht, die Arbeit nicht wieder aufnimmt.

Ich sagte zu Karl und den anderen Männern, die mir gefolgt waren: Na und? Was habt ihr denn erwartet. Glaubt ihr, die Unternehmensleitung verordnet euch einen vierzehntägigen zusätzlichen Urlaub auf Mallorca, dafür, daß ihr streikt?

Um mich herum: Lachen, Feixen. Einer rief: Aha, ein ganz Schlauer! Aber ich sagte nur: Dann müßt ihr euch eben wehren.

Ich sah nur in Gesichter, in denen das Staunen festgefroren zu sein schien. Auch ich war ratlos anfangs. Manchmal kommt man auf das Nächstliegende zuletzt.

Ich fragte Karl: Sag mal, in welchem Flöz arbeitest du?

Ich? Sonnenschein, antwortete er.

Ist das ein gutes Flöz? fragte ich.

Gut? Das beste. Vierzig Prozent der gesamten Förderung kommen aus dem Flöz... willst du noch mehr wissen?

Die Umstehenden sahen mich interessiert an. Sie wußten nicht, auf was ich hinauswollte. Sie kannten mich alle, obwohl wahrscheinlich die wenigsten eine Zeile von mir gelesen hatten, vielleicht mich im Fernsehen manchmal sahen, im Rundfunk hörten, nicht mehr.

Und wieviel Mann seid ihr insgesamt in dem Flöz? fragte ich.

Wieviel?... Na ja, auf zwei Schichten so an die achtzig Mann, antwortete Karl.

Ich sagte: Schau mal Karl, wenn du nicht anfährst heute Mittag, dann können sie dich entlassen. Wenn Emil oder der Kurt oder der Gustav nicht anfährt, dann können sie die vielleicht auch entlassen. Aber wenn ihr alle achtzig nicht anfahrt, glaubst du im Ernst, daß sie dann die achtzig Mann entlassen? Den Betrieb möchte ich mal sehen, der die gesamte Belegschaft aus einem Flöz entläßt. Schließlich sind 800

Meter unter Tage Menschen nicht ersetzbar über Nacht wie eine Eisenschiene oder ein Holzstempel. Erfahrung ist nicht austauschbar, begreif das doch endlich mal. Ihr seid die Stärkeren.

Die Männer, die mich umringt hatten, sahen mich an, als hätte ich eine Ungeheuerlichkeit erzählt. Es war mir, als wäre es eine Ewigkeit still gewesen. Keiner sprach. Sie sahen zu Boden, bis endlich Karl sagte: Da ist schon was dran, was der Max sagt... und was sollen wir deiner Meinung nach jetzt machen?

Erst einmal dafür sorgen, daß euer wilder Streik ein legaler wird. Mehr nicht, sagte ich.

Du meinst? fragte er.

Ich ging über den Platz, Karl folgte mir. Dann schlossen sich uns die Männer an, die uns vor dem Tor umringt hatten. An der Straße waren wir schon etwa hundert und wir formierten uns, ohne daß dafür eine Anweisung gegeben worden wäre, zu einer Marschkolonne. Und weil Neugierde etwas Ansteckendes ist, schlossen sich immer mehr Männer unserem Zug an. Und dann marschierten die zweitausend Männer in einem geschlossenen Zug die sieben Kilometer in die Innenstadt vor das Gewerkschaftshaus.

Vor dem Gewerkschaftshaus waren es dann über siebentausend, weil auch noch ein Teil der streikenden Stahlarbeiter hinzugestoßen waren. Die Menge forderte dann in Sprechchören ihre Funktionäre auf, ihre berechtigte Arbeitsniederlegung zum legalen Streik zu erklären. Am anderen Morgen hörte ich in den Frühnachrichten im Rundfunk, daß die Gewerkschaft den

Streik der Berg- und Stahlarbeiter gebilligt und mit den Unternehmern Verhandlungen anstrebt.

Ich habe mich damals wie heute gefragt, was passiert wäre, wenn ich nicht an dem Vormittag mit dem Fahrrad zur Bank gefahren wäre, um mir Geld abzuholen.

Ich weiß es nicht.

Friederike Mayröcker, Österreich, geb. 1924

Über Friederike Mayröcker

Die Wienerin Friederike Mayröcker kann auf eine 25-jährige
Praxis als Englischlehrerin zurückblicken. Sie ist erst vor
kurzer Zeit aus dem Schuldienst ausgetreten, um sich ganz-
tägig mit Literatur zu beschäftigen.

Seit Mitte der 50er Jahre veröffentlicht sie Gedichte, kurze,
sprachlich sehr exakte Prosatexte, Erzählungen.

In Zusammenarbeit mit Ernst Jandl hat sie die preisgekrön-
ten Hörspiele „Fünf Mann Menschen" und „Der Gigant"
verfasst. Sie hat auch Szenen fürs Theater und Kinderlitera-
tur geschrieben.

Die Sprache bei Friederike Mayröcker ist voll von Über-
raschungen. Sie spielt mit ihr. Sie kämpft gegen die Norm.
Denn eine normierte menschliche Sprache führt ihrer Meinung nach zu einem normierten Denken, zu einem normierten Intellekt.

Friederike Mayröckers Texte fordern vom Leser Aktivität,
Phantasie, Spielfreude, Kritik.

Einige Titel

Tod durch Musen, 1966 (Poetische Texte)
Fantom Fan, 1971 (Prosa)
meine träume ein flügelkleid, 1974 (Textsammlung)
Heiligenanstalt, 1978 (Roman)
Ausgewählte Gedichte 1944–78, 1979

Als hätte ich eine Schwalbe gehört

Das Einhorn sagt zum Zweihorn: Mir war so, als hätte ich eine Schwalbe gehört in der Luft des Oktober, es zwitscherte was so luftig.

Das Zweihorn sagt zum Dreihorn: Mir war so, als hätte das Einhorn mir gesagt, es habe in der Luft des schönen Oktober eine Schwalbe zwitschern hören, es habe so luftig gezwitschert in der schönen Luft.

Das Dreihorn sagt zum Vierhorn: Mir war so, als hätte ich das Zweihorn sprechen hören, es habe das Einhorn über ein Schwalbenzwitschern berichten hören mitten im Oktober, flach über den Dächern in der schönen Luft.

Das Vierhorn sagt zum Fünfhorn: Mir war so, als hätte ich das Dreihorn einen Bericht wiederholen hören, der ihm vom Zweihorn überbracht worden war, darüber nämlich, daß das Einhorn eine Schwalbe gehört habe, flach über den Dächern in der schönen Luft des schönen Oktober, es zwitscherte auch so luftig.

Das Fünfhorn sagt zum Vielhorn (dessen Hörner man kaum mehr mit einem Blick zu fassen kriegt, es sei denn, man säße aufmerksam vor einem eben musizierenden Orchester, in dem ein solches Vielhorn bläst): Mir war so, als ob mir war, so als ob mir da was gezwitschert hätte – hast du es auch gehört? Es lag in der Luft des schönen Oktober, in der schönen Luft des schönen Oktober flach über den Dächern und brachte selbst die Fernsehmasten ein wenig zum Er-

zittern, es war ein Zwitschern in der Luft, in der schönen taubengrauen Luft des schönen taubengrauen
Oktober.

Das Vielhorn sagt zum Einhorn: Muß wohl ich selbst
gewesen sein bei der heutigen Orchesterprobe am Vormittag, als der Nebel einfiel und mir auf einmal so
nach Frühling zumute war und nach Schwalben-
gezwitscher...

Werner Heiduczek, DDR, geb. 1926

Über Werner Heiduczek

Werner Heiduczek stammt aus oberschlesischem katholischem Bergbaumilieu. Er war nach dem Kriege Landarbeiter, wurde dann, nach einer Kurzausbildung, Lehrer. Bis 1965 war er pädagogisch wirksam, u.a. als Deutschdozent in Bulgarien. Er hat sich eingehend mit Deutsch als Fremdsprache beschäftigt.

Werner Heiduczek hat sehr viele Kinderbücher geschrieben. Einige sind auch zu Kindertheaterstücken umgeschrieben worden.

In seinem bekanntesten Roman „Abschied von den Engeln" (auch Theaterstück) verbindet er seine Kenntnisse aus dem oberschlesischen Bergbaumilieu mit Erfahrungen aus Bulgarien und mit Beobachtungen aktueller Probleme in der DDR.

Es handelt sich um den Abschied von Idealvorstellungen.

Einige Titel

Jana und der kleine Stern, 1968 (Kinderbuch)
Mark Aurel oder ein Semester Zärtlichkeit, 1971 (Erzählung aus dem Studentenmilieu)
Die seltsamen Abenteuer des Parzival, 1974 (Neu-Erzählung nach mittelalterlicher Vorlage)
Im Querschnitt. Prosa/Stück/Notate, 1976
Tod am Meer, 1977 (Roman)
Das verschenkte Weinen, 1977 (Kinderbuch)

Aufruhr und Besinnung

Die Anwesenheit meiner Tochter Yana auf diesem nicht sehr freundlichen Planeten ist begründet in gesellschaftlichen Zuständen, aus denen auszubrechen, ich fest entschlossen war.

Nun muß man wissen, daß ich noch zwei weitere Töchter habe, an denen mir keineswegs weniger gelegen ist. Aber immerhin.

Die älteste Tochter, Christiane, ließ ich bei der Mutter meiner Frau aufwachsen. Ich war Student, und Gedichte aus dem frühen Mittelalter, die griechischen Philosophen Sokrates und Plato interessierten mich weit mehr als Schwiegermutter und Kind. Mit einem Studienfreund hatte ich einen Tag die Vorlesungen geschwänzt, um auf einem Hügel über der Stadt nach einem Namen zu suchen. Goethes Frau Christiane Vulpius schien uns angemessen, bei einem Vorgang Pate zustehen, von dem doch einiges abhing.

Sagt man ja: „Hast du den Namen, hast du die Seele."

Großmutter, Mutter und Kind lebten in zwei winzigen Kammern eines Bauernhauses, in das ich jedes Wochenende das Stück Welt der Großstadt brachte samt der gelehrten Geschwätzigkeit eines Studenten der ersten Semester.

Eines Tages kam ich hinzu, als Christiane – sie war acht Monate alt – in ihrem Wagen saß, mit dem Finger im eigenen Kot spielte und jenen dann in den Mund steckte. Ich war in höchstem Maße angewidert und hielt meiner Frau und meiner Schwiegermutter

einen Vortrag über Reinlichkeit und Kindeser-
ziehung und fuhr zurück in die Universitätsstadt. Dort
sann ich über den platoschen Satz nach, das Gute
wäre schön und das Schöne gut.

Indes fuhr meine Frau, auf deren Verdienst ich angewiesen war, jeden Morgen mit dem Rad in die Schule,
unterrichtete, fuhr während der großen Pause nach
Haus, säugte das Kind, fuhr wieder in die Schule und
unterrichtete weiter.

Meine Schwiegermutter sammelte Ähren, Kartoffeln
und Zuckerrüben von den abgeernteten Feldern. Es
war die Zeit des Hungers nach dem Krieg.

Kein Wunder: Christiane liebte ihre Großmutter, bei
der sie aufwuchs, weit mehr als mich. Das schien mir
wider die Gesetze der Natur, auf deren Einhaltung ich
als Verfechter Rousseauscher Thesen großen Wert legte.

So gab ich die zweite Tochter zu meiner eigenen Mutter in Pflege. Zum Verständnis des Folgenden muß ich
einiges über meine Mutter sagen. Sie war eine einfache
Frau und konnte Zeit ihres Lebens weder richtig
deutsch noch polnisch sprechen, sondern vermischte
beide Sprachen. Hierin sehe ich einen frühen Grund
für meinen Hang zum Internationalen und Poetischen.
Staatliche Autoritäten erkannte sie nicht an. Ihr galt
allein das Wort des Pfarrers, mit dem mein Vater und
mein ältester Bruder hin und wieder Karten spielten.

Nach dem Krieg holte ich meine Mutter aus Zabrze,
einer Stadt, die de Gaulle bei seinem Polenbesuch
1968 nicht ohne politische Koketterie als die polnisch-

ste aller polnischen Städte bezeichnet hat, nach Halle. Daß ich mich in der Zwischenzeit vom Katholizismus abgekehrt hatte, schien meiner Mutter ein großes Übel und Ausdruck deutlichen Verfalls einer Welt, von der T. S. Eliot sagt, sie würde nicht mit einem Knall, sondern mit einem Wimmern zu Ende gehen.

Meine Mutter also wurde Kerstins Erzieherin. Diesen Namen gab ich dem Kind noch unter dem Eindruck des schwedischen Films „Sie tanzte nur einen Sommer", über den seinerzeit alle Welt sprach.

Als erstes ließ meine Mutter Kerstin taufen. Meine Frau und ich erfuhren solches ein halbes Jahr später. Daß Kerstin eine Kinderbibel als Bilderbuch benutzte, störte mich nicht, halte ich doch auch als Atheist das Alte Testament für ein großes Werk der Weltliteratur. Ihre Marienlieder ließen mich nicht ohne Sentimentalität an die eigene Kindheit denken, da ich die Stunden nach der Maienandacht mit Mädchen im Park verbrachte.

Eines Tages aber plapperte Kerstin folgendermaßen zu mir: „Zuerst liebe ich den lieben Gott, dann liebe ich dich."

Ich gestehe, die Eifersucht auf den lieben Gott war noch größer als die Eifersucht auf meine Schwiegermutter. Ich nahm diese Worte als Demütigung und beschloß, eine dritte Tochter zu zeugen, die ich nach meinem Bilde formen wollte.

Befragt, seit wann ich mich als Revolutionär fühle, nenne ich dieses Ereignis.

Heike Doutiné,
Bundesrepublik Deutschland, geb. 1945

Über Heike Doutiné

Die Hamburgerin Heike Doutiné ist nach Kriegsende geboren. Sie nennt ihre Generation die „Generation des Waffenstillstandes".

Diese Generation ist in Trümmern aufgewachsen. Und:
Sie hat Fragen nach der geschichtlichen Schuld gestellt.
Sie hat keine zufriedenstellenden Antworten erhalten.
Sie hat miterlebt, wie das Wirtschaftswunder in der Bundesrepublik Deutschland die Menschen bequem, opportunistisch, konsumfreundlich, unkritisch machte.
Sie ist teilweise selbst in die Falle des Wirtschaftswunders gelaufen.

Einige Titel

Das Herz auf der Lanze, 1967 (Gedichte und Tagebuchnotizen)
Deutscher Alltag. Meldungen über Menschen, 1972 (Erzählungen)
Berta, 1974 (Roman)
Wir zwei, 1976 (Roman)
Die Meute, 1979 (Roman)

Baby-Futur für Gegenwartseltern

Erst wird es, dann ist es, und dann soll es wieder etwas werden. Und wenn es etwas geworden ist, dann ist es wieder wer.

Wie bitte?

Ja, das gibt's. Die „Es-Werder" sind im Kommen.

Zwischen Futter und Futur gepreßt: die Dynamik-Babys, Serie 75/76!

Einen Augenblick! Ihr Kind ist schon sechs Monate alt und kann noch nicht nicht sitzen? Dann wird es aber Zeit!

Moment mal, ihr Kind ist zehn Monate alt und kann noch nicht laufen?

Da wird es aber Zeit!

Seit es ist, wird es eigentlich ständig Zeit.

Für dies und das.

Es muß ein Schwimmer werden, ein Tiefseetaucher im Nichtschwimmerbecken, ein Kindercreme-Intellektueller, schon mit eins in die Grundschule für Breistunden gehen, mit zwei ins Sandkastengymnasium.

Wenn es das schon gäbe, Kinderwagenabitur: die Dynamikeltern wären dabei.

So ein Kind kann doch nicht einfach sein, was man selber ist.

Sobald es etwas geworden ist, mit Armen, Beinen, Köpfchen dran, muß es was werden.

Muß groß und stark werden.

Muß mehr werden.

Mehr als der Mitschüler Pappi in der Mutti-Schule.

Arbeitskreis Aufsteiger: wir sind nach dem Krieg

wieder was geworden. Werde du etwas nach dem zweiten Weltfrieden.

Beeil dich!

Trödel nicht im Laufgitter herum!

Werd' Reklamekind mit zwei, werde Mannequin mit drei!

Ernähre deine Eltern!

Werde Großverdiener im Kreis der Kleinverdiener!

Menge Kleingeld zu Menge Großgeld: Unternehmer-Zweimalzwei.

Zieh Dir Cacharel-Anzüge an!

Geh über Laufstege!

Sprich im Fernsehen mit in Sesame-Street!

Werde Big-Bird oder Ernie!

Aber steh nicht so herum wie bestellt und nicht abgeholt!

Laß Dich abholen!

Werde was. Werde wer!

Die Charterflüge ins Land der Geldscheine und Markstücke werden immer billiger.

Und wenn Du noch billiger wirst als billiger, wirst Du mehr. Bist Du mehr wert.

Ein Mehr-Wert.

Ein Mehr-Werder.

Erzählen Sie mal, wie hat es Ihr Kind denn geschafft, daß es schon mit drei tot aufgefunden wurde!

Erstaunlich, wie hat es denn ihr Junge gemacht, daß er schon mit sechs Jahren entführt wurde?

Unser wird vielleicht erst mit sieben entführt und mit acht tot aufgefunden. Und das in der heutigen Gazetten-Zeit, wo man schnell leben muß, alles schnellebiger wird. Meinen Sie nicht auch, werden da acht Jahre nicht schon ein bißchen lang?

Muß man da nicht enttäuscht sein?

Unser Jüngster wurde ja nicht entführt, aber dafür ist unser Ältester wenigstens Fußballspieler geworden. Und sein Jüngster soll nun wieder ein Spieler werden. Als Ball hätte er ja zu wenig Chancen. Wer schafft es schon, so rund zu werden? Eine Ecke bleibt doch dran! Und die Kinder werden ja auch immer aggressiver.

Das darf man nicht vergessen, wenn man „das nächste bitte" schreit.

Hofft, daß es in neun Monaten wieder etwas wird.

Daß es seine Parklücke findet – trotz Parkverbot.

Qualitätskinder müssen sich halt durchsetzen!

Erwin, rate mal, ob es ein Mädchen oder ein Junge wird. Oder beides wird. Spielt auch keine Rolle. Doppelte Sicherheitsbindung!

Aber wenn nun alles nicht zweifach, sondern dreifach wird?

Erst sozial, dann Sozialist, dann sozialistisch?

Der ganze Selbstbedienungsspeisewagen in einen Sackbahnhof einfährt?

Was wird dann aus unseren Krabbelkindern?

Es wird Spaß machen, in der Brigade 3 Kinderchef zu sein.

Es wird Freude machen.

Es wird schön sein, an meiner Stelle für deine Stelle zu arbeiten.

Es wird werden. Hauptsache es wird weiter werden.

Das ist das wichtigste.

Kinderöl gibt es genug. Drauf gießen, und die Maschine läuft.

Für Tiefseetaucher im Nichtschwimmerbecken wird es

nie zu spät sein.

Was, sechs Monate alt und noch nicht sozialistisch?

Da wird es aber Zeit!

Beeil Dich!

Trödel nicht im Laufgitter herum!

Werde Ernie Guevara!

Werde Big Castro!

Werde irgendwas!

Denn ein altes deutsches Sprichwort sagt:

Wer nichts wird, wird Wirt.

Und das wirst Du doch nicht werden wollen?

Oder würde das was werden: ein werdender Wirt?

Erst wirst Du, dann bist Du, und dann soll was aus Dir werden. Und wenn etwas aus Dir geworden ist, dann bist Du wieder wer.

Darfst wieder weniger werden.

Mußt klein und schwach werden.

Beeil Dich!

Trödel nicht!

Laß Dich abholen!

Michael Krüger,
Bundesrepublik Deutschland, geb. 1943

Über Michael Krüger

Ist Michael Krüger nicht in München, dann ist er in Berlin. Ist er nicht in Berlin, dann ist er in München.

In München ist er seit 15 Jahren Verlagslektor im Carl Hanser-Verlag. In Berlin gibt er zusammen mit dem Verleger Klaus Wagenbach das kritische Literaturjahrbuch „Tintenfisch" heraus. Das tut er schon seit 15 Jahren.

In Berlin oder München... oder auf dem Wege nach Berlin oder München schreibt Michael Krüger Literaturkritik, verfaßt Berichte für Rundfunk, Fernsehen und Zeitungen, schreibt Gedichte und auch mal Texte für Musik.

Michael Krüger friert vor der Kälte, die die meisten seiner Mitmenschen ausstrahlen, aussprechen. Er fühlt diese Kälte, sieht sie, hört sie, schmeckt sie sogar.

Einige Titel

Kommt Kinder, wischt die Augen aus..., 1974 (Kindergedichte, zusammen mit Herbert Heckmann)

Deutsch für Deutsche, 1975 (Schallplatte, zusammen mit Ludwig Harig)

Reginapoly, 1976 (Gedichte)

Diderots Katze, 1978 (Gedichte)

Hausbuch der schönsten deutschen Kindergedichte (herausgegeben zusammen mit Herbert Heckmann), 1980

TV – 3. Programm: Diderot

Den Film über Diderot, sagte sie, sähe sie gerne
noch einmal: im Fernsehen. Sie wolle dann den Ton
abschalten und auf die Sprache der Bilder hören:
sie könne, sagte sie, bei starker Konzentration,
die Bilder auf der Haut spüren. Man solle, sagte sie,
habe Diderot gesagt, einen Gegenstand betrachten
und mit ihm einen Laut verbinden, den Laut „Baum".
Dann solle man das Wort „Baum" aussprechen, sagte
                              sie,
habe Diderot behauptet, dann habe man einen Baum.
Das hätte der Mann, der im Fernsehen vorgegeben
                              habe,
Diderot zu sprechen, gesagt, sagte sie. Ferner
habe er behauptet, wir würden unsere Lebenszeit in
sehr kurzen Tagen und sehr kurzen Nächten ver-
                              bringen.
Jedesmal, wenn wir unsere Augen schlössen, würde es
                              Nacht
sein, hätte er gesagt, behauptete sie. Wie oft dies
doch vorkomme, habe er ausgerufen! Und wir würden
uns all dieser kurzen Nächte nur deshalb nicht be-
                              wußt,
weil wir nicht auf sie achteten; denn sobald wir
auf sie achteten, würden wir uns ihrer bewußt werden.
Sie wolle, sagte sie, nach diesem Fernsehfilm immer
                              den
Ton abschalten am Fernsehgerät, denn nur das Auge
                              führe uns!
Wir seien Blinde, habe sie sich gedacht, und das Auge

sei der Hund, der uns führe. Wir könnten nicht gleichzeitig
denken, sehen, hören, schmecken, riechen und fühlen,
habe Diderot
gesagt, hätte der Mann in dem Film über Diderot im
Fernsehen
gesagt, sagte sie. Wir könnten immer nur bei einer
Sache sein.
Wir würden aufhören zu sehen, sobald wir hörten, und
ebenso
sei es mit anderen Empfindungen. Wenn sie aber nicht
mehr
sähe, wenn sie gleichzeitig hörte, dann habe sie wahrscheinlich
den Film nicht verstanden. Deshalb würde sie den Film
über Diderot im Fernsehen gerne noch einmal sehen,
um zu sehen,
ob sie den Film verstanden habe. Sie fragte mich,
wann Diderot
gelebt habe. Im 18. Jahrhundert, sagte ich. Heute sei
alles
ganz anders. Heute könne man, sagte ich ihr, im
Fernsehen
einen Mann sehen, der über Diderot spräche, und
gleichzeitig
könne man einem Mann zuhören, der einem den
Mann, der über
Diderot spricht, erkläre, und gleichzeitig könne man
die
Augen schließen, ohne etwas zu verpassen. Seit es das
Fernsehen
gäbe, erklärte ich ihr, sei es immer nur Nacht.

Helga Schubert, DDR, geb. 1940

Helga Schuberts Erstberuf ist Psychotherapeut. Heute ist sie freie Autorin, verbindet aber diesen Beruf mit ihrem ersten, d. h. sie setzt ihre Erfahrungen über Verhaltensweisen und innere Vorgänge der Menschen in sprachliche Kunstwerke um, wobei die Außenwelt durch genaue Beobachtungen der Innenwelt widergespiegelt wird.

Helga Schubert schaut auch als Autor in die Menschen und hinter Fassaden.

Einige Titel

Lauter Leben, 1975 (Erzählungen)
Jette in Dresden, 1977 (Erzählungen)

Jugend in der DDR
(und dann noch im indirekten Fragesatz)

Wollen Sie wissen, wie das sozialistische Prinzip „Jeder nach seinen Fähigkeiten, jedem nach seinen Leistungen" bei uns in der DDR verwirklicht wird?

Damit schon der erste Satz ein richtiger indirekter Fragesatz wird, hätte ich natürlich beginnen müssen: Sie wollen wissen, wie das...

Aber ich wußte eben nicht, ob Sie es wirklich wissen wollten. Dafür war das aber ein richtiger indirekter Fragesatz. Der Hauptsatz drückt eine Unsicherheit aus, nach dem Komma folgt „ob", und dann ist die Reihenfolge der Worte anders als bei der direkten Frage. Sie werden sicher gleich merken, wie ich das meine.

Der Grund, weswegen ich das alles schreibe, ist, Ihnen den indirekten Fragesatz nahezubringen. Sie können kontrollieren, in welchem Satz es mir nicht gelungen ist. Wo der Inhalt mit mir durchging und die Form nachhinkte.

Bei dem vorangegangenen Satz sind Sie sicher unsicher, ob das auch ein indirekter Fragesatz war. Ein Merkmal, woran Sie ihn erkennen, fehlte: Der Hauptsatz davor. Schuld war meine dichterische Freiheit. Also ein inoffizieller.

Das Leben eines Jugendlichen in der DDR liegt vor ihm wie ein übersichtliches Eisenbahnnetz. Die Frage ist nur, wie die Weichen gestellt werden. Wohin die Fahrt also geht. Und wer die Weichen stellt. Der Staat sagt: Ihr stellt die Weichen. Die Jugendlichen sagen: Du stellst die Weichen. Aber der Staat sind wir. Die Hauptfrage ist nur, wie lange ein Jugendlicher braucht, um das zu verstehen.

Manche Jugendlichen wissen nicht, wann sie aussteigen und auf einer Wiese spazieren gehen können. Die grundsätzliche Antwort:

Die männlichen mit 65 und die weiblichen mit 60 Jahren. Und sie können ja gar nicht wissen, ob sie bis dahin nicht noch eher berentet werden.

Die erste Weiche wird sieben Monate vor der Geburt gestellt. Da fragt eine Jugendliche ihren Freund, ob sie das Kind wollen oder nicht. Wenn beide ja sagen, fragen sie sich als nächstes, ob sie vor oder nach der Geburt des Kindes oder überhaupt nicht heiraten wollen. Sie wissen, welche Vorteile und welche Nachteile jede der drei Möglichkeiten hat. Wenn sie heiraten, können sie einen staatlichen Kredit aufnehmen, für den sie niedrige Zinsen bezahlen müssen und der ihnen bei der Geburt von Kindern zum Teil erlassen wird. Wenn sie nicht heiraten, bekommen sie diesen Kredit nicht, aber dafür garantiert einen Krippenplatz. Eine unverheiratete Mutter wird nämlich besonders unterstützt. Da bei diesen Alternativen keine Unklarheiten bestehen und die Eltern des Jugendlichen vor keiner Katastrophe stehen, auch vor keiner moralischen, wußte ich nicht, wo ich einen indirekten Fragesatz konstruieren sollte.

Eine unverheiratete Mutter braucht nämlich nicht zu fragen, wann sie nach der Geburt ihres Kindes wieder arbeiten kann. Drei Monate nach der Geburt wird sie einen Krippenplatz haben.

Im Gegensatz dazu weiß die verheiratete werdende Mutter nicht genau, wie lange sie nach der Geburt ihres Kindes zu Hause bleiben wird. Ob es nicht sogar drei Jahre dauern wird und sie das Kind erst in den Kindergarten bringen kann. Dort gibt es nämlich mehr Plätze. Wie lange ein Kind zu Hause bleibt, hängt aber nicht nur vom Familienstand, sondern auch vom Beruf der Mutter ab. Als Arbeiterin in einem Produktionsbetrieb oder als Studentin wird sie natürlich gegenüber einer Hausfrau bevorzugt.

Die Frage, ob der Vater beim Kind zu Hause bleiben sollte und die Mutter weiter arbeitet, wird in den jungen Ehen trotz der Gleichberechtigung sehr selten gestellt. Auch in den Zeitungen diskutierte man, wieweit alte Rollenvorstellungen von Mann und Frau bei uns noch weiterbestehen.

Ihnen wird sicher nicht ganz deutlich geworden sein, warum ich so ausführlich die Entwicklung in den ersten Lebensjahren beschreibe. Sobald ein Kind in die Gemeinschaftserziehung kommt, wird es nach einem einheitlichen und für alle verbindlichen Bildungsplan gefördert, begabte und auch behinderte Kinder fallen den Erziehern sofort auf. Sie sind verpflichtet, darüber nachzudenken, wie man diese Kinder fördert. In den ersten Jahren hängt die Wirkung dieser Förderungsmaßnahmen noch davon ab, wie stark die Eltern diese Bemühungen unterstützen, also stellen am Anfang noch die Eltern die Weichen mit. In der Schulzeit verselbständigt sich mehr und mehr die Hauptfrage, das Haupthindernis vor jeder Weiche, die Frage, was für eine Durchschnittszensur das Kind, der Schüler, der Jugendliche hat. Die Entscheidung, ob ein Kind nach der 8. Klasse auf die erweiterte Oberschule zugelassen wird und damit einen direkten Weg zum Abitur und zum Hochschulstudium gehen kann, hängt von seiner Durchschnittszensur ab (nur zwei aus der Klasse erreichen sie). Die Entscheidung, ob ein Schüler nach der 10. Klasse eine bestimmte Berufsausbildung beginnen kann, hängt von seiner Durchschnittszensur am Ende der neunten Klasse ab. Denn am Beginn der zehnten Klasse, ein Jahr vor Schulabschluß, werden die Lehrverträge abgeschlossen. Jeder Schüler weiß, daß er eine Lehrstelle bekommt. Er weiß aber nicht, ob er den gewünschten Beruf erlernen kann. Andere Bewerber könnten bessere Durchschnittszensuren haben.

Die nächste Weiche wird im Beruf gestellt. Die Delegierung zur Fachschule hängt von der Durchschnittszensur des Lehrabschlusses ab und davon, ob der Jugendliche Aktivität in einer Jugendbrigade, bei einer Jugendinitiative oder einem Jugendobjekt bewiesen hat.

Wieweit die strenge und geplante Geborgenheit seines Lebens geht, merkt der Jugendliche aber nicht nur während seiner beruflichen Weiterentwicklung, sondern auch in seinem täglichen Leben. Wo er im kommenden Sommer zeltet, entscheidet sich im Winter vorher. Denn dann muß er die Zeltgenehmigung beantragen. Auf dem Zeltplatz muß er sich spätestens am zweiten Tag anmelden. Mit seinem Personalausweis, den er vom vierzehnten Lebensjahr an immer bei sich trägt.

Mit achtzehn Jahren kommt der Jugendliche normalerweise zur Armee, die Jugendliche nicht. Sie hat also einen Vorsprung, der aber nicht lange vorhält. Denn sieben Monate vor der Geburt des künftigen Jugendlichen fragt sie ihren Freund (der gerade bei der Armee ist), ob sie das Kind wollen oder nicht. Wenn beide ja sagen, fragen sie sich...

Das weitere und den indirekten Fragesatz kennen Sie ja nun. Aber ich weiß nicht, ob Sie sich auch ein wenig in die Probleme unserer Jugend hineinversetzen können. Wann man etwas nicht mit einer Durchschnittszensur bewerten kann, wann man spontan sein soll.

Bei uns ist alles vernünftig und übersichtlich. Die Frage ist nur, wie jeder damit fertig wird.

Günter Kunert, bis 1979 DDR, jetzt
Bundesrepublik Deutschland, geb. 1929

Vor fast 30 Jahren hat Günter Kunert sein Grafik-Studium abgebrochen, um sich auf „das Schreiben" zu konzentrieren. Sein früher Gedichtband „Wegschilder und Mauerinschriften" (1950) sind sozusagen in Stein gehauene Warnungen vor dem Faschismus. Sein Gedichtband aus dem Jahre 1970 „Notizen in Kreide" markiert, daß die Worte von der Schreibtafel weggeputzt werden können, aber nicht die faschistischen Verbrechen.

Günter Kunert will nicht vergessen, was war.

Und: wie könnte er vergessen, daß seine Verwandten in Konzentrationslagern ermordet wurden? Warum sollte er vergessen, daß seine Mutter nur deswegen überlebte, weil sie so klug war, „ihre Adresse in allgemeine Vergessenheit zu bringen"?

Günter Kunert will nicht verschweigen, was ist:

> Jeden Tag erscheint jeder Tag mit der Perfektion der Vernichtung.

Günter Kunert macht sich Gedanken, was werden kann:

> Denn Tag wird.
> Ein Horizont zeigt sich immer.
> Nimm einen Anlauf.

Man könnte einen Aufsatz schreiben: Günter Kunert und Bertold Brecht. Man wird dann berichten, wie Günter Kunert mit seinen Gedichten zum großen Bertold Brecht geht und wie Bertold Brecht Kunert unterstützt. Man wird über die vielen Gespräche berichten müssen, die Kunert und Brecht miteinander geführt haben.

Einige Titel

Unter diesem Himmel, 1955 (Gedichte)
Das kreuzbrave Liederbuch, 1961 (Gedichte)
Im Namen der Hüte, 1967 (Roman)
Die Beerdigung findet in aller Stille statt, 1968
  (Erzählungen)
Die geheime Bibliothek, 1973 (Erzählungen)
Der andere Planet – Ansichten von Amerika, 1974 (Reise-
  eindrücke)
Camera obscura, 1978 (Prosa)
Unruhiger Schlaf, 1978 (Gedichte)

Unverbundene Sätze I

1

Bäume sind häufig gelähmt. Krücken wandern durch
die Welt. Schon wieder sind wir um hundert Jahre
gealtert. So ist das Leben.

2

Kettensprenger ist ein erfundener Name. Bäume sind
häufig aus Holz. Kettensprenger ist kein Lernberuf.

3

Unsere Besonderheit besteht aus den Abdrücken unserer stets in Unschuld gewaschenen Finger. Die Zahl
der irrtümlich Erschossenen steht in einem ungültigen
Adressbuch. Fesselbrecher steht nicht im Branchen-
verzeichnis.

4

Die unsichtbaren Rinnsale der Zeit haben ihr Tempo
beschleunigt. Noch immer herrscht großer Mangel an
den richtigen Worten. Eine Gurke ist eine Gurke und
ißt keine Gurke.

5

Die Verlockung des Gewöhnlichen ist eine starke
Kraft. Nur zwischen Jetzt und Nun liegt wirklich
Ewigkeit.

6

Die Freiheit ist eine nackte Frau.

7

Krücken beleben die Gegend und zerstören die Um-
welt durch Gummizwingen. Unverbundene Sätze be-
rühren einander gewiß. Gelähmte Bäume bemerken
durch ihre Wurzeln alles.

8

Kettensprenger ist ins Druckerzeugnis geflohen. Fesselbrecher wurde in Flaschen abgefüllt und steht im
Schaufenster der Drogerie. An neuen Adressbüchern
wird gearbeitet.

9

Unsere Kühnheit erweist sich als Revolte der Speise-
röhre.

10

Das Betreten öffentlicher Verkehrsmittel in unbeklei-
detem Zustand ist untersagt. Der kartenverkaufende
Bahnhofsbeamte hat sich das Gesicht von Wladimir
Iljitsch ausgeliehen.

11

Entschuldigen Sie, wissen Sie vielleicht, wohin wir
eigentlich wollten?

12

Der kluge Mann bringt seine Adresse in allgemeine
Vergessenheit.

II

1

In der Periode des Wartens finden keine Gedanken-sprünge statt. Ikarus war kein Vogel. Der Mensch ist ein Stück Papier, kein unbeschriebenes Blatt. Die er-wartete Chance erscheint immer als verpaßte Mög-lichkeit. Töpfe voll von Musik, die Tag für Tag über-laufen. Ständig befinden wir uns im Wirkungsfeld eines gespitzten Bleistiftes.

2

Wer auf Rettung wartet, ist verloren. Eine mechani-sche Pumpe saugt das Blut ab, das eigentlich keines ist. Der Sinn jedes Wartens ist das Warten. Fortset-zungen folgen einander. Hier können Familien nichts anderes als Kaffee kochen.

3

Eines Tages gehen die Liebesbeweise zu Ende. Eine Dämmerung steht jedem bevor. Die Frage ist, wie befreien wir uns von der Kleinheit unserer minimalen Existenz und bleiben trotzdem am Leben? Eine Ant-wort ist auf dem Amtswege bisher nicht eingetroffen. Erwarte nicht, daß jemand dir die eisernen Bolzen aus Händen und Füßen zieht und dir wieder herunterhilft. Erwarte nicht das Eingeständnis des Irrtums. Irren ist menschlich. Soweit die Menschlichkeit.

4

Das Bewußtsein von der Welt tut immer weh. Am besten: man läßt es sich ziehen. Heute finden Amputationen durch Zeitmesser statt. Mittels des Kalenders kann man Völker ausrotten. Jeden Tag erscheint jeder Tag mit der Perfektion der Vernichtung. Es findet deine Hinrichtung statt, ohne daß du es merkst. Einer spricht von seiner Strangulation, während er stranguliert wird. Einer flattert noch etwas vor.

5

Das Stundenglas mit einem anderen Inhalt als Sand füllen. Sand gehört immer ins Getriebe. Der Rost des Glaubens hat dessen Innenflächen bereits völlig zersetzt. Einer wird durchlässig. Du wirst brüchig. Ich werde porös. Alles vergeblich: der eherne Schritt der Geschichte führt doch auf den Abtritt.

Glossar

Die hier im Glossar aufgenommenen Wörter und Wendungen sind nicht alphabetisch geordnet, sondern folgen dem laufenden Text.

Bei Substantiven ist die Pluralform folgendermaßen angegeben:

das Sprichwort-er": Nach dem Bindestrich folgt die Pluralendung, das Zeichen " markiert, daß der Stammvokal umgelautet wird, d. h. daß aus ‚o' ein ‚ö' wird: *die Sprichwörter*.

Steht nur der Bindestrich, so sind Singular- und Pluralform gleich: *der Herausgeber-: die Herausgeber*

In den Fällen, in denen Endungsangabe oder Bindestrich fehlen, ist das Wort im Plural nicht gebräuchlich.

Franz Hohler

Seite 6   **der Kabarettist-en**
ein Künstler in einem Kabarett, oft witzig und satirisch

begleiten
hier: jemand spielt ein Instrument, während ein(e) Sänger(in) singt

wegwerfen
von sich werfen; zu den Abfällen werfen: er wirft sein Geld weg = er gibt sein Geld unnütz aus

der Autor-en
ein Schriftsteller, also jemand, der Romane, Erzählungen oder Gedichte schreibt

Seite 7   **das Sprichwort-er"**
kurzer, sehr bildhafter Satz, z. B. „Aller Anfang ist schwer" oder „Morgenstund hat Gold im Mund"

der Elch-e
bis 2 Meter hohes Hirschtier mit langem Kopf und schaufelförmigem Geweih

es gab einmal ...
= es war einmal: die meisten Märchen fangen entweder mit „Es gab einmal ..." oder „Es war einmal ..." an

das Abgas-e
durch Verbrennung eines Stoffes (z. B. Benzin) entstehendes Gas

Seite 8   **verwechseln**
etwas für etwas halten, was es gar nicht gibt: zwei Wörter verwechseln; ich habe ihn mit seinem Bruder verwechselt

Hans Magnus Enzensberger

Seite 10   **die Überlegung-en**
Substantiv von: (sich) überlegen = sich Gedanken machen, nachdenken: wir müssen sachliche Überlegungen anstellen

der Herausgeber

der Herausgeber z. B. einer Zeitung oder einer Zeitschrift oder eines Buches, hat die veröffentlichten Texte und Bilder zusammengestellt, aber nicht selbst verfaßt

der Band-e"

ein Buch eines herausgegebenen Gesamtwerkes: ich habe das Gesamtwerk Goethes in 12 Bänden

der Zweifel –

eine gedankliche Übersicht; nicht fester Glaube: ich bin mir im Zweifel, ob das richtig ist

Seite 11 **langweilig**

nicht spannend, eintönig, ermüdend

zog nach ...

von: ziehen, zog, gezogen; hier: = umziehen: wir sind nach N. gezogen; unsere neue Adresse ist ...

ankam

von: ankommen, kam an, angekommen

murmeln

leise und undeutlich sprechen

vergangen

von: vergehen, verging, vergangen: die Zeit verging sehr schnell

unterhielten

von: sich unterhalten, unterhielt, unterhalten: miteinander sprechen; aber auch: sich amüsieren: wir haben uns im Kabarett gut unterhalten

tranken

von: trinken, trank, getrunken

duzen

zu jemandem „du" sagen; Gegensatz zu „siezen", also zu jemandem „Sie" sagen.

Seite 12 **verstecken**

etwas an eine Stelle legen, wo es ein anderer nicht finden oder sehen kann

113

unanständig

die gute Sitte verletzend: sein Benehmen war unanständig; er erzählte einen unanständigen Witz

schien

von: scheinen, schien, geschienen; wirken als ob: er schien froh zu sein; aber auch: glänzen, strahlen: die Sonne schien

geschlossen

von: schließen, schloß, geschlossen; zumachen; für Besucher unzugänglich machen

die Bedienung-en

das Personal eines Restaurants, das den Gästen das Essen und die Getränke serviert (das die Gäste bedient); aber auch: der Service in einem Restaurant

lagen

von: liegen, lag, gelegen; Gegensatz: stehen

sprach

von: sprechen, sprach, gesprochen

fließend

fließend sprechen = ohne Schwierigkeiten und große Fehler sprechen

ging auf

von aufgehen, ging auf, aufgegangen; sich öffnen: die Tür öffnet sich

Gestatten Sie?

Höflichkeitsformel; = Erlauben Sie?: erlauben Sie, daß wir uns zu Ihnen setzen?; auch in der Bedeutung von: könnten Sie mich bitte vorbeilassen, durchlassen, hineinlassen?

Seite 13 **schwieg**

von: schweigen, schwieg, geschwiegen; nicht reden

stand auf

von: aufstehen, stand auf, aufgestanden; sich zum Stehen aufrichten

Angelika Mechtel

Seite 16 **die soziale Randgruppe-n**
eine soziale Minderheit, die nicht im Zentrum des Interesses steht, sondern am Rande

Seite 17 **sich verabreden**
verabreden = bestimmen, festlegen: eine Zeit zu einem Treffen bestimmen; wir haben verabredet, den Fall in der Presse zu veröffentlichen

überfallen
mit Gewalt eindringen, um zu rauben;

die Untersuchungshaft
die Zeit im Gefängnis vor dem eigentlichen Prozeß; es soll untersucht werden, ob die einer Straftat verdächtige Person auch wirklich schuldig ist

schlimm
schlecht, übel

Seite 18 **inhaftiert sein**
in Haft sein, in einer Strafanstalt (= Gefängnis) sein

die Gefängnisbehörde-n
die Gefängnisverwaltung

die Schulden
nicht bezahlte Menge Geldes; durch Kreditkauf entstandene Geldschuld; Schulden machen = Geld leihen

regeln
etwas in Ordnung bringen; sich um etwas kümmern

Seite 19 **der Strafvollzug**
die Art und Weise einen Gefangenen in einer Strafanstalt zu behandeln

kaputtgehen
zerbrechen; auseinanderbrechen

die Resozialisierung
das Zurückführen eines Gefangenen in die Normen der Gesellschaft

Günter de Bruyn

Seite 22   **ehemalig**
früher; einst: mein ehemaliger Lehrer (Mann); meine
ehemalige Frau

die Preisverleihung-en
das feierliche Überreichen einer Auszeichnung

Seite 23   **der Feierabend-e**
das Arbeitsende: wann macht ihr in eurem Betrieb Feierabend?; wir können uns nach Feierabend treffen

die Schlange-n
eine lange Reihe wartender Menschen; aber auch: die
Autoschlange; von: Schlange = langes Kriechtier, das sich
durch die Bewegung des Körpers fortbewegt
der Schlips-e
die Krawatte

verstanden
von: vestehen, verstand, verstanden = begreifen

Seite **24**   **Was ist los?**
was ist passiert, geschehen?

ausgehen
zu einer Party, zu einem Empfang, ins Theater, Kino, in
ein Restaurant gehen;

Seite 25   **das volkseigene-n Kombinat-e**
der größte Industriebetrieb in der sozialistischen Industrie
der DDR

der Schalter –
ein kleiner Raum oder eine kleine Abteilung auf der Post,
in der Bank oder auf dem Bahnhof zur Bedienung von
Kunden, meist durch Glas abgeteilt; am Schalter sitzt der
Schalterbeamte; einen großen Raum mit sehr vielen Schal-
tern nennt man Schalterraum oder Schalterhalle

der gute Ruf
das gute Ansehen, das jemand bei anderen genießt

Ernst Jandl

Seite 28   **das Hörspiel-e**
„Radiotheater"

Seite 29   **die Semmel-n**
österreichisch: das Brötchen; ein kleines rundes oder ovales
Weißbrot

das Gabelfrühstück-e
österreichisch: eine Zwischenmahlzeit zwischen Frühstück
und Mittagessen

einbröckeln
in kleinen Stücken hineinlegen

die Jause-n
österreichisch: Zwischenmahlzeit zwischen Mittagessen
und Abendessen

der Sessel –
österreichisch: der Stuhl; und so ist für den Österreicher
„der Stuhl", was z. B. für den Hamburger „der Sessel" ist

Seite 30   **der Billeteur-e**
österreichisch: Platzanweiser im Theater oder Kino

der Biograph-en
Leute, die eine Lebensgeschichte niederschreiben

Josef Reding

Seite 32   **aufgewachsen**
von : aufwachsen, wuchs auf, aufgewachsen = groß werden
der Wehrdienstverweigerer –
jemand, der den Militärdienst ablehnt

Seite 33   **das Gewissen**
das Bewußtsein über das, was gut oder böse ist; die eigene
moralische Kontrolle

aufpassen
hier: sehr aufmerksam zuhören

die Innung-en
die Vereinigung selbständiger Handwerker

vergewaltigen
eine Frau mit Gewalt zum Geschlechtsakt zwingen

Seite 34 **stammeln**
langsam und nicht fließend sprechen

sich erbrechen
sich übergeben; den Inhalt des Magens durch den Mund entleeren

der Antrag-e"
eine offizielle, schriftliche Bitte

Seite 35 **der Greis-e**
ein alter Mensch

anerkennen
akzeptieren; für richtig halten

Jürg Schubiger

Seite 38 **der Lehrling-e**
ein junger Mensch, der einen Beruf erlernt; er hat eine Lehrstelle und einen Lehrmeister; meistens dauert die Lehrlingszeit 3 Jahre.

Seite 39 **der Kanton-e**
ein Bundesland in der Schweiz; es gibt 25 Kantone

die Mannschaft-en
Bezeichnung für die Gruppe der einfachen Soldaten; die Mannschaft = das Sportteam

blieb
von: bleiben, blieb, geblieben

verstauchen
verzerren der Gelenkbänder in einem Gelenk (Fußgelenk, Handgelenk ...)

gefunden

von: finden, fand, gefunden; etwas entdecken, zufällig oder durch Suchen; auch: meinen; der Auffassung sein: ich finde die Entscheidung richtig

einer Sache nachgehen

untersuchen

Seite 40 **mieten**

etwas für eine begrenzte Zeit gebrauchen und dafür bezahlen: eine Wohnung mieten; ein Auto mieten

sauer

Gegensatz zu süß: der Apfel war sauer; hier: bildlich auf den Menschen bezogen: schlecht gelaunt

der Zettel –

ein einzelnes Blatt Papier

Seite 41 **trug**

von: tragen, trug, getragen; hier: bei sich haben; auch: eine Last tragen

trafen

von: treffen, traf, getroffen; hier: jemandem zufällig oder auf Vereinbarung begegnen; aber auch: das Ziel erreichen (beim Schießen, Werfen usw.)

Seite 42 **der Bügel –**

der Teil des Schilifts, an dem man sich festhält oder den man hinter die Oberschenkel drückt, um transportiert zu werden

verloren

von: verlieren, verlor, verloren; etwas ohne Absicht liegen-, fallen- oder stehenlassen und nicht wiederfinden können; auch: Gegensatz zu gewinnen: unsere Mannschaft hat verloren

Seite 43 **gestorben**

von: sterben, starb, gestorben

unterstrichen

von unterstreichen, unterstrich, unterstrichen; die Wichtigkeit eines Wortes durch eine unter das Wort gezogene Linie

markieren; allgemein: die Wichtigkeit einer Sache hervor-
heben: der Minister unterstrich noch einmal den Ausbau
der öffentlichen Verkehrsmittel

skidliften
schwedisch: Schilift

skidan
schwedisch: der Schi

biljetten
schwedisch: die Fahrkarte

Urs Widmer

Seite 45   **der Dichter –**
der Autor, Schriftsteller; schreibt auch (oder besonders)
Gedichte, also lyrische Werke

zaubern
etwas magisch verändern, d. h. ohne daß man es sieht

der Qualm
dichter, starker Rauch

die Sehnsucht-e"
starkes Verlangen; intensiver Wunsch

Seite 46   **schiene**
Konjunktivform (II) von: scheinen, schien, geschienen

fiele
Konjunktivform (II) von: fallen, fiel, gefallen

wüsche
Konjunktivform (II) von: waschen, wusch, gewaschen

täte
Konjunktivform (II) von: tun, tat, getan

äße
Konjunktivform (II) von: essen, aß, gegessen

schliefe
Konjunktivform (II) von: schlafen, schlief, geschlafen

der Quatschkopf-e"
jemand, der sehr viel und auch oft sehr Dummes redet

hieße
Konjunktivform (II) von: heißen, hieß, geheißen

Seite 47 **führe**
Konjunktivform (II) von: fahren, fuhr, gefahren

hielte
Konjunktivform (II) von: halten, hielt, gehalten

die Sichel-n
kleines Werkzeug zum Mähen von Gras mit gebogener Klinge; auf der Flagge der UdSSR als Symbol für die Macht der Bauern zusammen mit dem Hammer als Symbol für die Macht der Arbeiter

liefe
Konjunktivform (II) von: laufen, lief, gelaufen

schriebe
Konjunktivform (II) von schreiben, schrieb, geschrieben

stiege
Konjunktivform (II) von: steigen, stieg, gestiegen

das Raucherabteil-e
ein Coupé im Eisenbahnwagen, in dem Rauchen gestattet ist; Gegensatz: Nichtraucherabteil

verlöre
Konjunktivform (II) von: verlieren, verlor, verloren

schriee
Konjunktivform (II) von: schreien, schrie, geschrieen

ließe
Konjunktivform (II) von: lassen, ließ, gelassen

der Schaffner –
der Kontrolleur und Verkäufer von Fahrkarten auf der Bahn, im Bus usw.

Seite 48 **verschwinden**
jemand oder etwas entfernt sich und kann nicht mehr gesehen werden

Barbara Frischmuth

Seite 50 **erzogen**
von: erziehen, erzog, erzogen: Eltern erziehen ihre Kinder

haschen
fangen; die Kinder spielen Haschen (ein Fangspiel)

die Gewohnheit-en
eine Handlung oder Eigenheit, die durch dauernde Wiederholung selbstverständlich wird: die Macht der Gewohnheit

minderjährig
noch nicht volljährig; unter 18

geschieden
von: scheiden, schied, geschieden; trennen; eine geschiedene Frau ist eine Frau, die sich von ihrem Mann getrennt hat und zwar durch die Scheidung

die Zwillinge
zwei Kinder, die sich im Mutterleib gleichzeitig entwickelt haben

Seite 51 **wüßte**
Konjunktivform (II) von: wissen, wußte, gewußt

das Gehalt-er"
Einkommen durch Arbeit; Monatsgehalt

leidtun
Mitleid haben; Ausdruck von Bedauern: Haben Sie Feuer? Nein, es tut mir leid!

der Betrieb
das Unternehmen; die Fabrik; aber auch: eine Menge von z. B. Menschen, Autos usw.: in der Stadt war viel Betrieb

verzichten
nicht haben wollen zugunsten anderer

Seite 52 **emanzipieren**
sich frei machen von sozialen, kulturellen oder politischen Zwängen

verwirklichen
etwas wirklich durchführen; in Wirklichkeit umsetzen; sich

selbst verwirklichen = gewünschte Veränderung an sich selbst in Wirklichkeit umsetzen

unbedingt
notwendigerweise: den Film müssen Sie sich unbedingt ansehen

die Unabhängigkeit
die Selbständigkeit, die Freiheit

Seite 53 **annehmen**
vermuten; auch: etwas entgegennehmen von jemandem

den Spieß umkehren
ins Gegenteil wenden; (die andere Seite des Spießes gebrauchen); der Spieß-e = Speer, Lanze

Manns genug sein
stark genug sein

die Mythe-n
eine Sage von Helden, Göttern, Dämonen

die Hexe-n
eine Frau, von der gesagt wird, sie sei mit dem Teufel verbunden und könne zaubern; hexen = zaubern

die Muse-n
eine der neun griechischen Göttinnen der Künste

die Ideologie-n
feste Anschauung

häßlich
nicht schön

Seite 54 **dulden**
ertragen; nichts einwenden; erlauben

Jurij Brézan

Seite 56 **die Minderheit-en**
die Minorität; Gegensatz zu Mehrheit (Majorität)

123

befand sich
von: sich befinden, befand, befunden;.hier: enthalten sein;
auch: sich aufhalten: sich in der Stadt, auf dem Lande
befinden

verfing
von: verfangen, verfing, verfangen; sich in etwas verwik-
keln: das Tier verfing sich im Netz; er verfing sich in
Widersprüche

erbat
von: erbitten, erbat, erbeten; bitten um

die Tracht-en
für bestimmte Landschaften, Bevölkerungsgruppen oder
Berufe typische Kleider: die Schwarzwaldtracht; die Zim-
mermannstracht

sich entsinnen
sich erinnern

der Volksbrauch-e"
die Volkssitte; was bei einem bestimmten Volk üblich,
gebräuchlich ist

wißbegierig
sehr interessiert sein, Kenntnisse zu erwerben

verbrüdern
Bruderschaft trinken, d. h. sich das „du" anbieten und sich
dann duzen

das Märchen –
die Sage; phantasievolle Erzählung: erzähl mir doch keine
Märchen! = belüg mich nicht!

prall
dick; voll; gefüllt

das Gespinst-e
etwas, das fein gesponnen ist; ein Gewebe von Wolle

der Igel –
ein kleiner Insektenfresser, der auf dem Rücken seine
Stacheln aufrichten kann

stülpen
darauf setzen

der Heustock-e"
das Gras, das zum Trocknen aufgehängt ist; schweizerisch:
der gesamte Heuboden

Ludwig Harig

Seite 62 **die Verständigung**
gegenseitiges Verstehen

leichtfertig
leichtsinnig; oberflächlich

Seite 63 **jenseits**
auf der andereren Seite von; Gegensatz zu ‚diesseits'

die Peitsche-n
ein Schlaggerät bestehend aus einem Stiel und einem daran
befestigten dünnen Lederriemen: der Kutscher knallt mit
der Peitsche

der Widerspruch-e"
ist eine Aussage das Gegenteil einer anderen Aussage, dann
besteht zwischen ihnen ein Widerspruch

Seneca
römischer Philosoph, durch Nero zum Selbstmord gezwun-
gen

Seite 64 **aufheben**
hier: beseitigen: wir beseitigen die Widersprüche

der Gewerkschaftler –
ein Funktionär einer Arbeiterorganisation (Gewerkschaft)

Seite 65 **außer sich sein**
hier im philosophischen Sinne: außerhalb seiner menschlichen Möglichkeiten sein

zu sich kommen
hier im philosophischen Sinne: zu sich selbst kommen; zum
eigenen befreiten „ich" gelangen

wie eh und je
wie schon immer

Max von der Grün

Seite 68   **der Ruhrbergbau**
der Kohlenbergbau im Ruhrgebiet

der Schlepper
hier: ein Grubenarbeiter, der Kohle transportiert; auch: Fahrzeug zum Ziehen (= Schleppen) anderer Fahrzeuge: Traktor, Schleppdampfer

der Hauer
ein Grubenarbeiter, der Kohle bricht

der Tresen
die Theke (Bar) in einer Gastwirtschaft

Seite 69   **die Überschrift-en**
der Titel von Zeitungsberichten

die Belegschaft-en
alle Beschäftigten eines Betriebes

getreten
von: treten, trat, getreten; in einen Streik treten = einen Streik beginnen

Gas geben
auf das Gaspedal des Autos treten und somit schneller fahren

genehmigen
erlauben; gestatten

angehoben
von: anheben, hob an, angehoben; hier: erhöhen

angeschlossen
von: sich anschließen, schloß an, angeschlossen; sich einem Streik anschließen = bei einem Streik mitmachen

Seite 70   **die Großschnauze-n**
jemand, der viel, gern und auch laut redet; der die Schnauze (= eigentlich Mund eines Tieres) aufreißt

die Unternehmensleitung-en
die Leitung des Betriebes, der Fabrik

angeschlagen
von: anschlagen, schlug an, angeschlagen; durch eine
Mitteilung öffentlich bekanntgeben (das Papier, auf dem
die Mitteilung steht, hat man ans Tor festgemacht, festge-
schlagen)

lästern
schlecht über jemanden sprechen

frotzeln
sich über jemand lustig machen

rief
von: rufen, rief, gerufen; einer rief hinter mir her = einer
sagte etwas mit lauter Stimme, nachdem ich vorbeigegan-
gen war

fristlos
ohne Frist; sofort

die Mittagsschicht-en
wenn ein Betrieb in Schicht arbeitet, dann ist die Produktion in zwei oder drei festgelegten Arbeitszeiten von je acht
Stunden eingeteilt, in der jeweils andere Arbeiter arbeiten:
wir arbeiten in drei Schichten, d. h. es gibt eine Früh-
Mittags- und Spät- (Nacht-)schicht

feixen
spöttisch lachen

ein ganz Schlauer!
(ironisch), das Gegenteil ist gemeint: der ist nicht ganz klar
im Kopf

Seite 71 festgefroren
von : festfrieren, fror fest, festgefroren; zu Eis erstarren

das Flöz-e
eine Schicht Kohle, die durch eine Gesteinsformation führt;
die verschiedenen Flöze haben meistens sehr optimistische
Namen, wie hier „Sonnenschein"

127

die Förderung
hier Ausdruck des Bergbaus: der gesamte Abbau von Kohle; man fördert Kohle, d. h. sie wird ans Tageslicht transportiert; sonst: die Hilfe; die Unterstützung

auf etwas hinauswollen
auf etwas gedanklich zielen

anfahren
Ausdruck im Bergbau: an das Flöz fahren und somit die Arbeit unter Tage beginnen

Seite 72 **der Holzstempel –**
im Bergbau: eine Holzstütze, die im Grubengang das Gebirgsmassiv abstützt

da ist was dran
für: da ist etwas Wahres dran

angeschlossen
von: sich anschließen, schloß an, angeschlossen; hier: folgen

hinzugestoßen
von: hinzustoßen, stieß hinzu, hinzugestoßen, hinzukommen

berechtigt
zu Recht bestehen: das ist eine berechtigte Frage

die Arbeitsniederlegung-en
der spontane Streik

Seite 73 **billigen**
gutheißen; genehmigen

anstreben
sich um ein Ziel bemühen

Friederike Mayröcker

Seite 77 **das Einhorn**
ein Fabeltier mit einem Horn auf der Stirn, einem Pferd ähnelnd

zwitschern
das Singen von Vögeln

die Schwalbe-n
eine Vogelart, sehr gute Flieger und Segler

Seite 78 einfiel
von: einfallen, fiel ein, eingefallen; hier: plötzlich kommen; aber auch: sich erinnern: mir fällt gerade ein, daß ich morgen zum Zahnarzt muß

zumute sein
sich in einer bestimmten Stimmung fühlen

Werner Heiduczek

Seite 81 entschlossen
von: (sich) entschließen, entschloß, entschlossen; sich entscheiden

gelegen sein
Wert haben; aber auch: passend: dein Besuch kommt mir gelegen

die Vorlesung-en
Unterrichtsform an der Universität: ich besuche die Vorlesung von Prof. Hase

schwänzen
nicht teilnehmen; nicht hingehen: die Schule schwänzen

angemessen
passend; entsprechend: der Preis ist angemessen

abhing
von: abhängen, hing ab, abgehangen; bestimmt sein; bedingt sein: Kommst du morgen? Das hängt vom Wetter ab!

winzig
sehr klein

die Geschwätzigkeit
das viele Reden: seine Geschwätzigkeit geht mir auf die Nerven

angewidert sein
anekeln; sehr unangenehm empfinden

angewiesen sein
notwendig brauchen

die Ähre-n
der Blütenstand von Getreide- oder Gräserarten

die Einhaltung
Befolgung; Festhalten: Einhaltung von Gesetzen

abkehren
abwenden; verlassen

das Wimmern
ein leises Klagen

taufen lassen
christlich-religiöse Handlung: in die Gemeinschaft der Christen aufnehmen lassen: ich bin auf den Namen Eva getauft

plappern
schwätzen

die Eifersucht
seelischer Schmerz darüber, daß man eine geliebte Sache oder Person nicht besitzt oder sie mit jemandem teilen muß

die Demütigung-en
Erniedrigung

Heike Doutiné

Seite 86 **die Trümmer (pl.)**
Bruchstücke; Teile z. B. eines Hauses nach einem Bombenangriff, Brand oder Erdbeben

erhalten
von: erhalten, erhielt, erhalten; bekommen

miterleben
bei einem Ereignis dabeisein

das Wirtschaftswunder –
gemeint ist der schnelle wirtschaftliche Aufbau (der Bundesrepublik) nach dem Kriege

Seite 87 **geworden**
von: werden, wurde, geworden; hier: etwas entwickelt sich
zu etwas

Seite 88 **trödeln**
langsam gehen; die Zeit schlecht nutzen; langsam arbeiten

das Laufgitter –
ein im Viereck aufstellbares Gitter für Kleinkinder

der Laufsteg-e
ein erhöhter Gang (Steg), auf dem Mannequins ihre Kleider vorführen

Sesame-Street
populäre amerikanische Fernsehsendung für Kinder

Big-Bird, Ernie
Figuren in dieser Sendung

Seite 90 **der Wirt-e**
der Besitzer einer Gaststätte

Michael Krüger

Seite 93 **Diderot**
Denis Diderot, französischer Philosoph und Schriftsteller,
(1713–84), einer der führenden Persönlichkeiten der frz.
Aufklärung

vorgeben
absichtlich fälschlich behaupten; so tun, als ob

vorkommen
geschehen; passieren

achten
aufmerksam sein; achtgeben; aber auch: jemanden oder
etwas respektieren: ich achte seine politischen Ansichten

Seite 97 **verpassen**
versäumen: den Zug verpassen

131

Helga Schubert

Seite 97 **die Fähigkeit-en**
das Können; die Tüchtigkeit

wußte
von: wissen, wußte, gewußt;

gelungen
von: gelingen, gelang, gelungen; glücken: das Bild von
deiner Tochter ist dir gut gelungen

durchging
von: durchgehen, ging durch, durchgegangen; unkontrol-
liert davonlaufen: dem Kutscher ist das Pferd durchgegangen

das Merkmal-e
ein Kennzeichen; besonderes Zeichen, an dem man etwas
erkennt

die Weiche-n
eine Eisenbahn oder Straßenbahn kann mit Hilfe der
Weiche auf ein anderes Gleis abzweigen

Seite 98 **grundsätzlich**
den Regeln und gesellschaftlichen Übereinkünften entsprechend

berentet werden
ins Renten- oder Pensionsalter kommen und somit Rente
bzw. Pension bekommen

der Krippenplatz-e"
der Platz in einem Kindergarten, in den Kinder bis zum
Alter von drei Jahren aufgenommen werden

Seite 99 **bevorzugen**
jemanden günstiger behandeln als andere

verbindlich
verpflichtend

Seite 100 **die erweiterte Oberschule**
das Gymnasium in der DDR

die Delegierung-en
die Zuweisung: ein junger Arbeiter wird vom Betrieb auf
die Fachschule delegiert.

die Jugendbrigade-n
ein Arbeitskollektiv von jungen Arbeitern bis zum 26. Lebensjahr, das selbständig größere Arbeitsprojekte durch-
führt

die Jugendinitiative-n
eine spezielle Arbeitsaufgabe, die von einem Jugendkollek-
tiv in Eigenverantwortung durchgeführt wird

das Jugendobjekt-e
eine zeitlich begrenzte und exakt meßbare Aufgabe, die
einem Kollektiv junger Menschen zur eigenverantwortli-
chen Lösung gestellt wird

die Geborgenheit
die Sicherheit; das Geschütztsein

Seite 101 sich hineinversetzen
sich in einen Sachverhalt hineindenken

Günter Kunert

Seite 104 abgebrochen
von: abbrechen, brach ab, abgebrochen; hier: aufhören
Seite 106 gelähmt sein
sich nicht bewegen können

die Krücke-n
eine Stütze, die das Gehen erleichtert; übertragen: ein
Mensch, der in den Augen anderer nicht viel taugt

die Besonderheit-en
ungewöhnliches Merkmal

das Branchenverzeichnis-se
ein offizielles Buch, in dem die verschiedenen Berufsgrup-
pen ihre Dienste anbieten

das Rinnsal-e
ein kleiner Bach

Seite 107 die Gummizwinge-n
> die Gummikappe am unteren Ende einer Krücke oder eines
> Gehstocks

> **geflohen**
> von: fliehen, floh, geflohen

> **die Kühnheit**
> der Mut

> **Wladimir Iljitsch**
> Vorname von Lenin

> **die Vergessenheit**
> das nicht mehr Erinnern

Seite 108 hier können Familien Kaffee kochen
> eine Anspielung auf ein Schild in Gartenwirtschaften
> Berlins, dort konnten Familien den mitgebrachten Kaffee
> selbst kochen

> **die Dämmerung**
> Übergang zwischen Nacht und Tag oder zwischen Tag und
> Nacht: Morgendämmerung; Abenddämmerung

> **der Bolzen –**
> ein Eisenstift zum Verbinden von Eisenteilen

> **das Eingeständnis**
> die Bekennung; das Geständnis

> **der Irrtum-er"**
> ein unbeabsichtigter Fehler

Seite 109 wehtun
> schmerzen: Au! Das tut weh!

> **mittels**
> mit Hilfe von

> **ausrotten**
> vernichten; alle töten

> **die Hinrichtung-en**
> die Durchführung der Todesstrafe

> **die Strangulation-en**
> das Töten durch Erwürgen; Erhängen

flattern
schnell, unsicher bewegen; unsicher fliegen: der Vogel
konnte nicht mehr fliegen, er flatterte nur noch

das Getriebe –
eine mechanische Einrichtung zur Überführung von Kraft
von einem Motor

zersetzen
auflösen (auf chemischem Wege); aber auch: unterhöhlen;
untergraben: die Moral zersetzen

durchlässig
undicht

vergeblich
nutzlos; ohne Erfolg

ehern
eisern

der Abtritt-e
ein einfaches Klosett; eine einfache Toilette